筋骨矯正術
創始者

井上仲子

井上浩
Inoue Hiroshi

まえがき

『井上仲子』という、一九三一年（昭和六年）に編まれた私家版が存在する。仲子の没後、複数の有志によって刊行されたものであり、東洋医学でもない、西洋医学でもない、〝筋骨矯正術〟という独特の療治を創案し、難病奇病の数々をも治していった井上仲子の伝記である。本書はこの私家版がベースとなっている。

仲子は、一八四九年（嘉永二年）十二月六日、但馬国《たじまのくに》（兵庫県）養父《やぶ》郡八木村に誕生した。

その四年後の一八五三年（嘉永六年）、ペリー率いる四隻の黒船が浦賀に来航し、日本を震撼させる。この事件を契機に翌年、日米和親条約が締結され鎖国体制の終焉を迎える。さらにその七年後の一八六〇年（安政七年）には、安政の大獄を発端とした桜田門外の変が起き、江戸幕府は滅亡へと向かっていく。

明治時代の幕開けを二十歳で迎えた仲子は、祖母の里にあたる上垣守國氏（養蚕家）の家に当時手伝いに行っていた。二十三歳の時、養蚕中肩に痛みを覚え、右手の屈伸の自由を失った事を機に、その原因を考えた。そしてその原因は、「体の歪みと筋骨の不整」にあると思い至るのである。この理を療治に応用し、自らの体にまた身内の者に、そして多くの病者に試み顕著な効果を上げ、その確信を得てついに筋骨矯正術が誕生する。

実に一八七八年（明治十一年）、仲子三十歳の事である。

但馬のみならず大阪、神戸、京都において、また一九〇九年（明治四二年）からは東京においてこの術を施した。疾病が治り健康長寿の喜びを与えられた人々は、国家の各方面における幾多の人傑《じんけつ》を含め、幾千人にのぼると言われている。しかし権門や富豪が、その門地や勢力を頼んで招こうとしてもそれには決して応じなかった。この気質こそが活きた療治を支えたのであろう。

この伝記編纂に関わった、東京女子高等師範学校（現お茶の水女子大学）教授の下田次郎氏は記している。

「西洋医術の巨匠さえサジを投げた難病者が、仲子の療治によって起死回生した例も少なくない。迷信の様に思う人もあるかと思うが、実はこれほど当然の事はないのである。

大隈重信侯爵も、一九〇八年（明治四一年）五月、仲子から直接この事を聴かれ、『私の所には色々な療法を言ってくるが、刀自の話はこれまでに無い平凡な話である。平凡なだけに真理があり面白い。しかしあまり平凡過ぎるから世人が気づかぬ』と言われた。ドイツの詩聖ゲーテも、『真理のかほど簡単であるには腹が立つ』と言った事である」

井上仲子の生誕百七十年、没後九十年を迎える今、仲子の思想を曾孫である筆者によってここに蘇らせたい。

『筋骨矯正術創始者　井上仲子』もくじ

第三章 井上仲子がこの世に遺したかったもの 119

第一章　筋骨矯正術とは何か

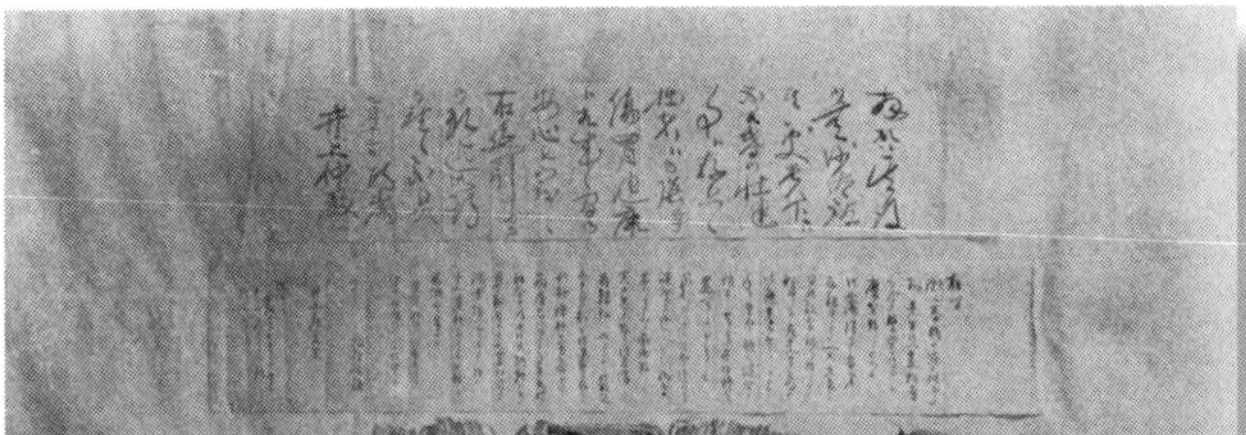

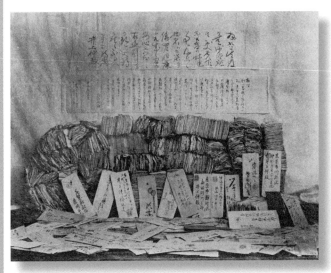

患者衆よりの禮狀

1. 筋骨矯正術の発明

仲子が二十三歳（一八七一年〈明治四年〉）の春、養蚕中急に右の腕が痛くなった。しかし痛みの原因を考えても分からず暫くそのままにしていたが、十日ばかり経つと肩の後ろから背中にかけてだんだん痛みが強くなり、ついには髪を梳く事も帯を結ぶ事もできなくなっていった。そこで、近所の医者に診てもらったが、

「別に心配するほどの事ではない。薬を飲むより整骨師へかかった方が良かろう」と言われ、整骨師にかかり暫く治療を受けた。しかしこれといった効果も表れず、あちこちの整骨師を訪ね約三年苦心したが、治ったかと思うとまたすぐに悪くなり根治する見込みが立たなかった。

これには何か治らぬ理屈があるに違いないと思い、研究し始めた事が療治発明の契機となるのであった。始終全身について考える中で、今日まで一度も手を付けられた事のない、しかも痛む所ではない他の筋が非常に縮んでいる事に気が付いた。

これこそ今まで治らなかった原因に違いないと思い、他にまだ何か異常はないか一層体の様子を詳細に調べてみると、意外にも左右の肩先が大分上がり下がりしており、歩くといつの間にか見当違いになり座ると膝が出入りし、肝心の胴まで捻《ねじ》れているという具合で、よほど妙な調子に

なっていた。これでは筋の縮んだ所ができて痛みが出たのも当然で、これが真っ直ぐにならなければ根治しないと思い、その後はひたすら体の歪みを矯正する事に努力した。

すると、肩や背中の痛みを自然に忘れていっただけでなく、いつの間にか体が至って健やかになっていった。ここに初めて、体が強健なのと羸弱《るいじゃく》なのとは、体が真っ直ぐか歪んでいるかに基づくのではないかとふと気が付き、これが療治法の基礎となったのである。

それからというものは、見る人会う人男女を問わず、常に姿勢と体質の強弱との関係について気を付けて見ていたが、真っ直ぐな者が強健で歪んだ者が羸弱である事に間違いが無いと考える様になった。

仲子が二十七歳のある日の事、二歳になる妹の児が遊戯中に過って腕の関節を外した事があった。

周囲の者が、「早く整骨師へ連れて行け」と騒ぎ立てたが、仲子は、ともかく自分でひとつ療治してみようと、かねがね自分の体について実験した考えでさわってみたところ、たいそう都合良くコトリッと関節の骨がはまり、なるほどと合点した。

その後、近所の人々がこの事を聞いて頼みに来る様になり、いつしか整骨専門の様に言われだした。その間ますます研究を加え、多くの怪我人を療治し練磨を積む様になった。

その頃村人達は、「仲さんは、不思議な事をして治すわい」「治るものだから治るのだろう」と言って特に気にもかけなかった。

弱い人を丈夫にするには、歪んだ体を真っ直ぐに直しさえすればよい。そのためにはどうしたら良いかという事を自分の体で種々工夫を凝らして実験し、日々頼みに来る人達を相手に研究を重ねていった。


さらに転機が訪れる。

一八七八年（明治十一年）、普段から体の弱い兄の大病を聞き、見舞いに行ってみると体が大層歪んでいた。これでは平素病身なのも無理はないと思い、多くの療治をしてきた経験から体の歪んでいる人と真っ直ぐな人とでは、その強弱に大きな差がある事を詳しく兄に話した。

「いかにも道理がある。実に結構な考えで、都合良くいけば大勢の人が助かる事だから、ひとつ私の体について十分研究するがよい」

兄の快諾を得たので裸体にしてみたところ、ひどく歪んでいる事に兄も驚き、不思議そうに言った。

「我が身ながら少しも気が付かなかった。今日まで随分医者にも診て貰ったが、こんな事は一人として診てくれなかった」

「これは決して、この頃一時になったものではない。小児の時からできた僅かの筋の狂いが原因となり、だんだん引きつけられてこうなったのであろう」と仲子が言うと、「なるほど、そういうと思い当たる事がある。幼少の頃、橋から落ちた事があると母より聞いていた。その時特別な処置もせずそのままにしておいたのが、歪みの原因になったのかもしれぬ。これが整然と揃ってきたら達者になるだろう」

仲子はどうにか兄を治してやりたいと思い、かねての研究に基づき矯正の療治をしていったところ、しだいに兄の体が真っ直ぐになっていき、遂に全快したのである。これが慢性病者を療治した初めであった。

それから後は、子供の肩がはずれたので治してくれと言ってくれば直ちに治してやり、村内の若衆が相撲を取って脚を痛めた、頭痛がする、歯が痛い、隣の婆さんの中風が起こったと、はじめは村内の病人のほとんどが来たが、後には一郡、二郡、三郡、四郡と広まり、しだいに但馬一国の患者の八、九分と思うほど毎日詰めかけ、門前市《いち》をなす有様となった。

これらを皆、筋骨矯正術をもって療治し、全部とまではいかないが九分九厘までは全治したという。

2. 筋骨矯正術の原理

仲子は譬えを交え、次の様に説明する。

「ここに一軒の家屋があるとして、建築当時は全体一分の狂いも無く至極完全な構造であっても、年数を経る間に地震や暴風など種々の災厄に遭い、次第に柱が歪み、梁が傾き、鴨居が下がるという様に全体が狂ってくるのである。その時に一番故障しやすいのは、日々開閉する建具である。

しかるにその開閉が不自由だといって、建具を削ったり付け加えたりしても肝心の柱、梁、鴨居等が歪んでいるのだから一時修理してもまた具合が悪くなり、遂には家屋がますます傾斜して倒壊する事もある。建具の具合が悪くなった時に建具の方は暫く措き、なぜこうなったのかと家屋全体について精細に点検をし、建具そのものの加減ではなく柱、梁、鴨居の傾斜が原因である事を認め、すぐにそれを修繕すれば建具には手を付けずとも自然に開閉が滑らかになり、家屋もまた元の完全な構造に立ち戻るのである。

人間もこれと同様で、成長するに従い五体の使役が多くなり、転んだ打った突いたとその時はさほど感じなかった事も、それが原因で筋の伸縮が不同になりあちこちが痛む事となる。

人体の柱梁《ちゅうりょう》である脊椎が歪んでくると五臓がおのおの安住する事ができず、一方が広過ぎると一方は狭くて窮屈になり、血液がそこに停滞し熱気がそこに凝結する。その結果、病毒が集中醸生して種々の病源となるのである。

これを療治するにあたりその局部に向かって治術を施すのは、建具を削ったり付け加えたりする一時的療法で、間もなくまた再発するのであり、いかに良薬を投じても内臓が錯乱している以上薬効を十分に廻らす事はできない。

筋骨矯正術は、脊梁骨の歪みを治して五臓を適当の位置に直すので、建具よりはまず柱、梁の傾斜を正すというすなわち根本的療法であり、この療法においては筋骨の関係が非常に大切なのである。

『直なれば強く、歪めば弱い』という事は、昔も今も決して動かぬ当然の道理である。人間の体も真っ直ぐな体は強く健やかで、歪んだ体は弱く病気になりがちである。病弱な人の体は十人が十人恐らく整然としていない。必ず体の均等が悪くなっているに違いなく、これがそもそも病の起こる一番確かな原因なのである。

体が歪んで脊柱が湾曲し、いずれの方向かに筋肉が引きつられる時は、体内の諸臓器もこれに準じてその位置に変化をきたし、あるいは圧迫を受け血行に障害をきたし種々の病を誘起するのである。すなわち人体姿勢の乱曲は諸病の根本なのであり、もし体の歪みを直さなければどんな結構な治療でも決して根治する事はできない。

しかるに近来は自身の足元を顧みる余裕が無くなり、体が歪んで弱くなっていくという根本には気が付かず、ここが痛いここが苦しいと枝葉ばかりに気を取られ種々の治療を受け苦心する方が多くなった。ゆえにその誘因たる歪みを治せば、病が軽快もしくは治癒する事は前述の柱や梁における理と同一なのである。

脳も、胃も、腸も、脊髄も、肺も、子宮も、心臓も、手も、足も、一局部のみに原因を求めるのではなく、容器が歪んだために中の物まで変動したのであるから、この容器を直せば中の物も自然元の通り回復し十分に活用できる様になる。

もしこの療治が無かったならば、機械に運転の加減を取る方法が無く、また家の歪みを直す大工がいない様なものであり、人として活動する限りはぜひともなければならないものである」

また、仲子はある医者から次の様な質問を受けた。

「頭痛が持病になっている病人は、どこをいらう（さわる）のか」

これに対しても、

「火鉢の上に鉄瓶がかかり、中の湯が煮え立っているとする。水差しから水を注いでいけば一時はその沸騰が止まるが、火鉢に火気がある間はまたぞろ湯が沸騰するのは当然の事であろう。お湯を冷まそうとすれば第一に火鉢の火を消してしまうのが肝心であり、それと同じで頭が痛むからといって頭に目を付けるのは、火鉢の火はそのままにただ水差しの水を注ぐのと同様ではないか。

痛むのは頭でも、実際に根治させるにはそれを痛めさせる源は何であるかを考えねばならない。筋骨矯正術はすなわち、この火気を除去する根本療法なのである。

私は経験上、誰が何と言っても筋骨の不均衡によると信じており、背骨の曲直をはじめ五体の均衡、筋骨の不同、血液循環の様子を精細に調べ、その原動たる下腹の力を図る療治をする」

と、譬えを用い答えている。

「元を忘れたら人は立たぬ。その辺の草木でも見てごらんなさい。根元に水や肥料が絶えたら衰えてくる。建物でも元の土台が狂うと立ってはいられまいが。よう心得ねばならぬ」とも語っている。

実に仲子らしい表現である。

3. 姿勢と健康

一九一八年（大正七年）に上梓された『世に問う』の中で、著者の金子博愛氏は姿勢と心身の健康との関係に着目しながら筋骨矯正術を紹介している。

「東京に井上仲子という老年の婦人があって、筋骨の不正を矯正する方法をもって種々の難病を療治しておられるが、今日まで女史の療治で全快した難病患者は既に何千という多数にのぼり、殊に知識階級の人々で女史の療治を受ける者も少なくない。

聞くところによれば、青山博士や三浦博士の治療を受けても全快せず、また近頃流行する種々の自然療法でも無効であったという病人が、女史の療治で全快した実例も多々あるとの事である。また女史の治術を受けると種々の難病が全快するのみでなく、普通の医術で全快した場合に比較して体質の変化する程度が一層顕著であって、病後という有様でないほどに普通の人々よりも一層健康になり、人々が羨望《せんぼう》する体格になる事もある。

著者は、加藤文学博士の紹介により近頃女史に面会したが、女史は七十余歳の朴訥《ぼくとつ》な老人で、その説明によれば療治の原理はすこぶる簡単であると言う。病気の場合に、根本の姿勢が崩れたのを矯正せず病気の箇所だけを治そうとするから、一旦全快した様でもいつしかまたもや再発する。

自分は医者ではないから病気を治すのではない。ただ姿勢を矯正するのみであるが、姿勢さえ矯正すれば大抵の病気は全快すると言われる。これすなわち、姿勢と健康とがいかに密接な関係を有し、相即不離《そうそくふり》のものであるかという事を説明する好個の実例である。

勿論病気が発生するのには、遺伝、天災、不注意、不衛生、不品行、不如意など、種々の原因があって一様ではない。すなわち肉体的、精神的な原因の他に、社会的原因がある。肉体と精神とは相即不離のものであり、個人と社会との関係もまた同様である。肉体の姿勢を正すという事は、すなわち精神の姿勢を正すゆえんであり、個人の姿勢を正すという事は、すなわち社会の姿勢を正すゆえんである。

もっとも、姿勢を正すという事が何故に肉体および精神を健全にし、個人および社会を健全にする秘訣であるかという根本の理由を自覚しなければ、姿勢の必要な意味が十分に徹底しない。そしてこの根本の姿勢を会得し姿勢の根源を自覚しないと、せっかく姿勢を矯正してもまたもや姿勢を崩すおそれがある。

ゆえに女史も心の直、身の直という事を語られる由であるが、単に病気を癒やそうとか健康になろうというだけの目的で姿勢を矯正したのでは駄目である。真正の意味において姿勢を正すには、身の直と同時に心の直が必要である。身が直になってもなお心の直にならない場合には、その人の姿勢が未だ完全にならず肉体も未だ健全にならない結果であって、不健全な思想の起こるのは、その人の心身のどこかで姿勢が乱れ健全が損なわれている証拠である。

世間には、肉体は健全でありながら思想の不健全な人間も沢山あるが、これらの人々はその実すでに肉体の健全を失いつつあるのであって、精神の不健全はやがて肉体の不健全をますます甚だしからしめるのが当然の順序である。

女史が身の直を与えると同時に、心の直を説かれるのは誠に結構な事で、現に女史の療治で全快した人々は醜悪な容貌が美麗になり陰気な容貌が快活になる。これすなわち、心身共に健全に赴いた証拠である。

ただこれらの人々も心身の健全を維持するためには、姿勢の矯正が何故に心身両全の秘訣であるかという根本の理由を自覚する事が必要であろうと思う。この根本の理由を自覚すれば、何人もかりそめにも心身の姿勢を乱そうなどという愚劣極まる事をあえてする事はできないであろう」

金子博愛氏は筋骨矯正術の核心を、見事に著してくれている。

姿勢を正すという事は、自らの心身と常に向き合い、自らに問いかけ続けるという事ではないかとも、筆者は考えさせられた。

本節の最後を、仲子が口癖の様に語っていた言葉で締めくくりたい。

「人の体は筋骨整然であってこそ、血液の循環も順調となり健康を保つ事となるのである。故に平静の心がけとしては、常に姿勢に注意して体を直にする事である」

4. 筋骨矯正術の源流を探る

一九〇一年（明治三四年）に上梓された『医学社会の大光輝』（某法学博士著）には次の様にある。

「今の医学社会では筋《すじ》と骨とに重きを置かないが、井上仲子という人はこの筋と骨とによって病理を考え、もって病根を治すという事を発明された。

しかし自身は病を治すとは言わず、躯幹の歪みを直すと言われている。躯幹の歪みは何によって直すかといえば、筋でもって直し骨でもって正すという事である。おそらくこの法は、洋の東西を論ぜず時の古今を問わずいまだかつて無いもので、実に言語をもって形容のできない妙味がある。

体を自在に運動できるのは筋というものがあるからで、人体には沢山の筋があるが一つとして役に立たないものはない。筋の作用は人間をして運動をさせるのに違いないが、この筋によって病根を去らせ健康を増進し、病を治すという事に応用した者はいまだかつて無かった。」

筋骨矯正術と同様の考え方に基づく医術は、有史において本当に無かったのだろうか。

以下、若干の考察を加えてみたい。

『井上仲子』の編纂に関わった櫻井勉氏（明治時代の官僚、元出石《いずし》藩士）は、日本古来の按摩についての解説している。

「日本は昔、典薬寮(1)を制定し、按摩師(2)・按摩博士(3)・按摩生(4)を置き、彼らに按摩で傷や骨折を治療する方法を学ばせた。初めて大宝令(5)に記載される。それらは、筋骨に心を使うと言われ至った。中古以来、騒乱が相次ぎ、王制は廃され、病の治療法は殆ど廃絶した。元和(6)以来、王候貴人が各々医師を招聘し、病を治療し、しだいによくなる。そのため、按摩の放棄に至る。（中略）体の探究が長い間放棄され、按摩の方法を顧みられなかった。」

（1）律令制宮内省の被管で、医療を掌る官司。
（2）律令制官職の一つ。宮内省の被管典薬寮に属する。定員二人。按摩生十人のうち、治療に優れた者が任用され、いわゆる現在の按摩の他、接骨・瀉血などを患者に行う事を職務とした。
（3）律令制官職の一つ。宮内省の被管典薬寮に属する。定員一人。按摩師二人のうち、学識・経験の秀でた者が任ぜられる。按摩生十人らに按摩・接骨・瀉血・繃帯術などを教授し、また官婢より採用した女医三十人にも、これを口授する事を職務とした。

（4）　律令制で典薬寮に属した官。按摩及び外傷や骨折の治療を学ぶ。定員十人。
（5）　律令時代盛期の基本法典。刑部親王らの撰。
（6）　一六一五年から一六二四年に使われた元号。

櫻井勉氏によれば、日本には古来「筋骨に心を使う」治療法が存在したという。

近代文人画の巨匠・富岡鉄斎氏の言葉にも着目したい。
「貴女は、二千年前の人が再来したというものだ。二千年昔には皆、人の病気は行気術という揉療治で治したものだ」

仲子が神戸に出た頃は堂名を「与楽堂」としていたが、京都に出た時心安くしていた富岡鉄斎氏が、自ら「行気堂《こうきどう》」と書し額にしつらえ、折釘まで添えて持参してくれた。そして仲子は、今後これを堂名とする事になったのである。

『大漢和辞典』（大修館書店）巻十によると、行気とは「道家で深呼吸の術をいう」とあり、一種の〝呼吸法〟であると解せる。

また、『ブリタニカ国際大百科事典』（小項目事典）には、「気功は中国古来の健康法。晋代の文献に気功という言葉が既に見られるが、従来は導引、吐納、行気などと称される事が多かった」とあり、これに沿えば気功法の事を指したのかもしれない。

さらに、『ブリタニカ国際大百科事典』（第3版）によると、「気は、中国文化を特徴づける独自の概念である。中国湖南《フーナン》省長沙《チャンシャー》の馬王堆《まおうたい》漢墓（前漢初頭の墓）から発掘された剣の銘文に、行気という文字がみられるが、これは現在の気と同様の意味をもつと考えられる」という興味深い記述がある。

中国の前漢の時代というのは紀元前と紀元後をまたぐ時代に当たり、二千年昔には行気という概念があった事を示している。しかし、揉療治の存在を確認するまでには至っていない。

筋骨矯正術の源流を紐解く鍵が、ここにも埋もれているのかもしれない。

因みに中国の漢の時代は日本の弥生時代にあたり、後漢の光武帝が西暦五七年、「漢委奴国王《かんのわのなのこくおう》」と刻まれた金印を奴《な》の国王に授けた事で広く知られている。この金印は一七八四年（天明四年）に福岡県志賀島《しかのしま》で発見されている。

仲子が生まれ育った但馬の地に受け継がれていたという民間療法も、筋骨矯正術の創案に影響を与えたのではないかと、哲学者の下田弘氏は次の様に語る。

「刀自は但馬の名家、上垣氏の出。但馬には接骨按腹術の古い伝統があったらしいが、刀自はこれに独自の研鑽の成果を加えられたに違いない。但馬の三垣といえば、上垣・正垣・北垣の三旧家で、北垣家の出の一老婦人は、やはり按摩術をもって知人宅に出入りしていたのを知っている」

5. 医師との論争

一九〇一年（明治三四年）の春、京都府立療病院（府立医科大学附属病院の前身）院長に仲子は初めて面会した。その時博士は尋ねた。

「お前はどういう療治をして、どういう病気を治すのか」

「私の療治はただ体の歪みを治す、すなわち真っ直ぐにするだけで病の事は少しも知りませんが、体さえ真っ直ぐにすれば大概の病は自然に治るのでございます」

「それじゃ、この病人（全身不随）はどこを療治するか」

「私はこの病人あの病人という事はございませぬ。どんなお方でも腹を根本にして、手や足は総て枝葉であると考えておりますから、第一に腹について筋の狂いを整え腹の力を待って順次手足の療治を致しますので、つまり枝葉を茂らすにはまず根本に手を入れるという仕方でございます」

「お前は学問がないからそういう事を言うが、この病人の腹を押さえて手足が動く様になると思うか」

「はい。それは腹を整えて血の循環する力を待ち、そして手足の療治をすれば今日までの実験上確かに動く様になります」

「全体学理を知らぬ者がそんな理屈を言うものではない。たとえ病気が治っても、学理上の説明がつかなければ何の役にも立たない」

博士の言葉に仲子は落胆した。

「なるほど学問もあり知識もあって、そのうえ病気も治せれば鬼に金棒で申し分ないが、学問のない者が初めは単純な素人考えから思い付き、工夫に工夫を凝らし実効を修める様になってから初めて学者らがこれに注目し、研究の結果ついには立派な学問上の説明がつく様になったという話も随分世間にあるのだから、お医者方の心の狭いのに残念な気持ちになった」と述懐している。

さらに博士との論争が続く。

「失礼ですが、先生のお体も大分歪んでおられます様にお見受け致します」

「初めて会った者を見て、体が歪んでいるなどと馬鹿なヤマコを言うな。そんな事を言うから無教育の人間はしょうがない」

「ヤマコかカワコか、折田さんや三國さんに聞いてみてもらえば分かる事であります」

博士の診察を受けていた折田彦市氏と三國一磬氏、両氏の妻は一年の半分くらい入院しては手当てを受けたが、はかばかしく治らず六、七年も困っていた。ところがちょうどその頃、仲子の矯正術によって全快したのであったが、それでも博士の態度は変わらない。

「人の事を聞く様な暇は無い。病人がいかに治っても、学問が無ければ役に立たぬ。これから精出して学問せよ」

しかし、これには後日談がある。

博士の親戚が仲子のもとへ療治に訪れた際、博士の胸の歪みがひどかった事を話し、

「いずれ胸の病で困る事があろう」と話すと、この頃すでに博士は肺病で、病院へも通えないほどに弱り困っているとの事であった。

一九〇一年（明治三四年）の冬、京都帝国大学（京都大学の前身）の木下廣次総長の家族を療治したのがきっかけとなり、一九〇二年（明治三五年）の春、総長は松岡道治医学士を招き、仲子を紹介した。

「実はこの井上さんが一種の矯正術をやるのだが、君ひとつ井上さんが話す事を聞いてやってくれぬか」

療治について、筋の大切な事を逐一話したが松岡氏は、

「腹にそんな摘まれる様な筋や、殊に全身に通じた筋は必ず無い」と明言した。

「それじゃ井上さん、私の腹で実際摘んで見せよ」と総長自ら仰臥位になり、「井上さんが摘めば現にこの通りある。しかし何も井上さんが摘んで分かるばかりでなく、誰でもよく分かる筋じゃやないか。それに、これが全く無いと言う事はできまいが」と問い直すも松岡氏は、

「それでもそんなものがある筈がない。もっとも、歪んではならぬという理屈は実際であろうが」と筋の存在を目の前で見せつけられても容易に信用しなかったという。

6.「はらすじ」の正体や如何に

仲子は言う。

「私の主眼とする筋についてお医者方は、『そんな筋は決してない。井上さんに解剖を見せ、かつ少し研究させたら良かろう』と言うのでお医者の腹部について療治し、いちいち筋を摘示したが、『解剖上どうしてもそんな筋はない』とそれでも信じない。

『さすれば、せっかくご親切なるご忠告でありますが、先生方には解剖が必要でありましょうが、私の方ではこの大切な筋が分からなければ何の益にもなりません。なぜならば私の療治は、活きて働く者のためにするのですから、死んだ者は手本になりません』と申したのである。

だいたい死んだ者の体を解剖しても、筋の事が分かる筈がない。人間が解剖に付される時には筋肉も血液もその活動を止めているのであるから、実際どういうふうに動いてどういう関係を人体に及ぼすかという動態を究めるには甚だ不満足なのである。

例えば佝僂病《くるびょう》の如き、多くは腹部の筋の故障によるものである。よってまず腹部の筋に療治を加える必要がある。それなのに、脊椎を目標として施すから効験がないのである。弓体を真っ直ぐにしようとしても弦を張ったままでは真っ直ぐにならないが、ある程度に弦を緩めれば弓は自然と真っ直ぐになるのと同一の理である」

「私は病気の模様を聞いても、その病気を治そうとは考えない。私が病気を治したのではなく自然が治したのです。ただ腹の左右の筋の不同を均整にし自然の働きを助けるだけですが、それで病気が治っていくので自分でも驚いた事がある」

筋骨矯正術は腹の左右の筋の太さを同じにする事に主眼を置き、病状や体の容態は千差万別でも療治の基本は何ら変わる事がないのである。どの患者に対しても同一の方法で療治に臨み、著しい効能を顕すのであるからよほど強い確信に裏付けられているのであろう。

「ここが大事ですぞ。昔は腹ができているとか、胸の広い人だとか言っておりましたが、この頃ではあの人は頭が良いと言って褒める。この次はどこへ昇って行きますか。この腹が大切ですぞ。

ここへ力を入れておいでなされ」と、仲子は臍下丹田の辺りを撫でながらよく患者に諭したという。

患者であった黒河龍三氏（第一高等学校・現東京大学教養学部教授）は、私家版の中で語る。
「先生が常々仰せられた体全体に続いている筋の事で、西洋流の医学者は解剖上無いと言って相手にされないのを非常に残念がっておられた。勿論そのために、ご自身の所信を曲げられる様な事はなく、『解剖台の上に乗った死んだ者には無いかも知れないが、生きた人間には確かにある。だから筋を揉んで病が治るのだ』とおっしゃられた。

この事を私がある東洋医学の詳しい方にお話ししたら、それは経絡の事であろうと言われ、その書物を見せられた。体全体に亘っている点でそれではないかとも思われるが、今後この療法を伝えられる方の中でどなたかが東洋医学を兼学され、その関係を明らかにされたなら誠に有益であろうと思う」

悠久の歴史を誇る東洋医学の中にも、「はらすじ」のヒントが隠されているかもしれない。

患者の佐藤文彦氏は、当初療治に半信半疑だったと言う。
「先生の療治を受けたのは、大正八年秋の頃と記憶している。最初に診察を受けた際、『脊柱がこの通り曲がっている。そのため、体の内部の働きに故障を起こし易い。これを矯正しさえすれば健康を保つ事ができる』との仰せで、以来毎日腹部の筋を押さえて療治してくださるので、最初のうちは何でもかんでも腹の筋を押さえれば癒えるなんて奇妙な事もあるものだと半信半疑だった。

当時不眠症に悩まされていた私は、ほとんど毎日欠かさず飯田町の先生のお宅へ療治を受けに参ったところ、療治が済んで帰る時には体中が軽くなった様で、呼吸も血の循環も胃腸の具合も神経も、全てが調子良く運行していて何とも言えぬ爽快さ。

ちょうど温泉に浸かった後、あるいは按摩をされた後の感じとやや似てはいるが、これらは体の表面に近い部分のみに限られているのに反し、先生の療治はもっと深い奥まで届いていて、医者の知らない筋の矯正によって内臓の位置を正し、その働きを自然に戻すという前人未到の妙技なる事がしだいに分かって参った。そして不眠症もいつの間にか消える様に無くなり、寝つきの良い事においては人並み以上になった。

先生は療治中手をじっと止めたまま、顔を下に向けて瞑目しておられる時がある。これはおそらく最も療治の最高潮に達した時で、先生の手が患者の体に微妙な動きを与えられる時ではなかろうかと考え、多年の経験と人の悩みを救いたいとの熱心が生んだ霊腕にひたすら敬服申し上げる様になったのである」

仲子を慕っていた声楽家の関屋敏子氏は、私家版の中で語る。

「時にオペラに独唱に、外国の各所にて夢にも思いがけぬ光を身に得た喜びは、健やかでなければとても得られぬ事であって実に忘れ得ぬ先生の賜物であります。

あの優しさのこもる言葉の数々、その言葉の終わりにはいつも、『療治は、琴の糸の調子をよく合わすのと同じ事じゃ』とおっしゃられ、その諭しの声はいつも耳から離れた事はない。

名医から見離された重病の方をはじめ数えきれない方々を、琴の糸の狂いを締め直すかの様に締木《しめぎ》を整えるしらべ。この偉大なる道を思うまま記し得る力を私は持たない」


筋骨矯正術は、腹と背を一体として療治する。

「はらすじ」を整える事を先腹《さきはら》と呼んでいた様だが、そこから療治が始まり、後に背を引き脊椎《せきつい》を矯正する動作へと移っていく。

解剖学上、腹筋に含まれる筋肉は四種類あり、この四種類を合わせて腹筋群と表現する。

腹部の表層には①腹直筋と②外腹斜筋が、深層には③内腹斜筋と④腹横筋が存在する。

腹部表層に存在する①腹直筋は、腹部の前面を縦に覆う筋肉。②外腹斜筋は、腹部側面に位置する筋肉で、横腹の筋肉としては最も表層にある筋肉である。

腹部深層に存在する③内腹斜筋は、外腹斜筋のすぐ深層に位置する筋肉。④腹横筋は内腹斜筋に覆われ、腹部側面にある筋肉としては最深層部に位置する筋肉である。

四つの腹筋群の位置関係でいえば、腹部の前面に位置しているのは①腹直筋のみで、残りの②③④の筋肉は全て腹部の側面に位置している。

一方、仲子は前述した様に、

「だいたい死んだ者の体を解剖しても、筋の事が分かる筈がない。人間が解剖に付される時には筋肉も血液もその活動を止めているのであるから、実際どういうふうに動いてどういう関係を人体に及ぼすかという動態を究めるには甚だ不満足なのである」

「解剖台の上に乗った死んだ者には無いかも知れないが、生きた人間には確かにある。だから筋を揉んで病が治るのだ」と語っている。

腹の左右の筋の太さを同じにする事に主眼を置くのが療治の特徴であるが、腹の左右の筋というものが解剖学上確認できる筋なのだろうか。それとも前項「5．医師との論争」（P.23）で紹介した様に、医師たちが容易に信じなかった〝筋《すじ》〟が生きた人間の体に存在するのであろうか。

腹部への施術について、仲子の孫にして筆者の父、道雄が遺した手紙には次の様にある。

「布団の上に仰臥位に寝ていただき、受療者の右側に施術者は座って、右手で下腹部を軽く押さえ、左手で心窩部から下腹部にかけて軽く指圧を繰り返す（胃、腸の蠕動《ぜんどう》運動を促す）。二十分くらい」

非常にシンプルな表現であるが、この動作の中に「はらすじ」へのアプローチがあったのであろう。

しかし、体全体に続いているという「はらすじ」とは一体どこにあって、そこへどの様なアプローチをしたのだろうか。いずれにしても、既成概念を打ち破らなくては仲子の境地には達しえない様である。

なお、背筋（脊柱起立筋の俗称）は、三種九本の筋肉からなる長背筋群であるが、それぞれが重層的・複合的に作用しあい脊柱を安定させ、文字通り脊柱を起立させている。

背部への施術については、道雄の手紙に次の様にある。

「施術者は受療者の背部より腋窩に手をまわし、受療者の腰部に施術者の両膝を当て、腰背部の筋肉を伸展する（四～五回）。その後、腋窩に手をまわした状態のまま、両脇の腕を持ち上げ腰を浮かし左右に回転する」

「はらすじ」を調整した後に、脊柱起立筋を反らす事によって脊椎を矯正したものと考えられる。

仲子の弟子達が独り立ちをした後に彼らがそれぞれ弟子をとっていたとすれば、その弟子達に伝承された可能性はあるが、残念ながら筋骨矯正術を継承したという人物に筆者は未だ巡り合っていない。

療治の様子を日常生活と隣り合わせで見ていた伯母や父からは、筋骨矯正術の概要について教えてもらいその一端を前述したが、仲子の長男、健一の様に正式な弟子となって伝授された訳ではないので、「だいたいこの様な感じだった」という記憶に基づく断片的なものであり体系的・理論的なものとは言えない。

「誰でもできるものにしたい」（P.120）と一八九六年（明治二九年）に、兵庫県庁へ効力試験の願書と病気全癒保証書数百通を提出した様に、筋骨矯正術があまねく国民的医療として施される様になる事を仲子は切望していた。

私家版『井上仲子』の内容とともに、これまで収集してきた情報と合わせながら研究を積み、いつかは筋骨矯正術を「誰でもできるもの」として復活させ、仲子の宿願を果たしたい。

奥義の探求はこれからも続く。

7．自然治癒力を引き出すために

仲子の療治は、その期間を通常三期に分ける。

一期八～九週間、二期五～六週間、三期二～三週間くらいであり、病症の軽重によってその長短はあるが概してその療治期間を短縮していく。一期より二期、二期より三期までの間隔は六十日である。

療治を受けると十人中八人まで体に変動がくるが、この変動が早ければ早いだけ全癒も早い。また、四季変候の頃に一週間くらいも療治を受ければ、ちょうど車に油を注ぐ様なもので至極良い。

「私が病気を治すのではない。自身の体、自分の力が治すのです。私はただ筋を整え歪みを直すだけの事で、その自然の働きを助けただけです」と、仲子が繰り返し語っている様に、体の自然の働きを助けるのが筋骨矯正術の神髄であり、三期にわたる療治期間とその間隔は、いわゆる自然治癒力を効果的かつ最大限に引き出すために導き出されたものなのであろう。

あくまでも自らの力が自らを治癒するという考えに基づき、その力を引き出すための最小限の手助けをするのが筋骨矯正術なのである。

また療治の際、海人草《かいにんそう》（俗にマクリ虫下しとも言う）を使用していた。一週間毎に四包（一日に二包を用い二日間に四包を用いる）、小児は二包（一日に一包を用い二日間に二包を用いる）を必ず用いた。水一合五勺の中に海人草一包を入れ、七勺位に煎じて用いていた。

8．療治の効果（患者さんの体験より）

※肩書は体験談をうかがった当時のもの。

福島　直頼

　私の母は、毎年七月から九月にかけて二、三カ月入院していた。何しろ京都府立病院ができて以来初めての病気であった。呼吸器痙攣といって一分間、普通十七、八から二十位の呼吸が、百五、六十から二百以上を数えるのだ。主に呼気のみ。連日午後に一回ないし二回くらい発作があり、麻酔剤によってかろうじて眠らされていた。府立病院ではその後、三十余年の今日まで同じ症状を聞かない様だ。

　ある人の紹介で先生の療治を受ける事になり最初七週間、次に暫く日が経って五週間程お世話になってからパッタリ病院とは縁切れになってしまい、それきり呼吸器痙攣などという病気は忘れた様に治ってしまった。その後は真夏になっても何の心配もなく、明るい気分で一家中暮らせる様になった。

　母が診察と投薬を受けた府立病院長に先生を紹介した時、体の歪みについての一大論戦で博士は大分興奮しておられた様だが、その時の先生の予言が的中し博士は数年の後、肺を病んで長らく臥床し遂に逝かれた。

また令甥の上垣利男氏が一昨年来、京都に開業され誠に心強く思っている。

実業家　川喜田　久太夫（半泥子）

筋骨矯正術にご縁のできたのは、日露戦争の二年目で明治三八年だった。性来の虚弱が遂に神経衰弱という名を付けられ、毎日午後になると頭が割れる様に痛むので医者に診て貰うと、臭素剤でも用いてノンキに遊ぶより仕方がないと言うのだが、ノンキになれるくらいなら神経衰弱などに誰がかかるものか。

ところが私は運が強かったのか、ずっと以前に見た大阪毎日新聞の記事の中に、「東洋のヲステヲバセ」（P.143）と題して井上刀自の事が書いてあったのを思い出し、古新聞を探すとやっと見つける事ができた。人づてに当時の京都大学総長、木下氏の奥様のご紹介を得てその年の夏の初め頃、京都二条川端山形やという宿を定めて一里ばかり下の東福寺にお訪ねした。

しかし東福寺はロシアの捕虜を収容していて、刀自は居なかったので坊さんに尋ねると、「井上さんは、藤の森の了峰寺におられる」と言うのでがっかり。

そこで半道ばかり下にある、了峰寺という廃寺の様な小寺を訪ねた。貧弱な玄関に案内を乞うと、お婆さんが出てきて尋ねられた。

「国はどこじゃ、何をしておられるか。私が井上じゃ、アンタは随分歪んで見える。右の肩が三寸から三寸五分は下がっている。こうして腰骨へアンタの手を当てて、肩までの寸法を測ってみなされ」

　教えられるままにしてみるとなるほど言われた通りだ。初対面の挨拶中に刀自はちゃんと私の歪みを見ておられたのだ。

　その頃の患者は医者に見離された者か、清水の滝に打たれても駄目と見切りをつけた者ばかりで、何しろ舞台は埃臭い伏見街道を前にした貧弱な古寺。登場人物は六十恰好の頑丈な切髪のお婆さん、了峰寺の耕宗和尚、中学生の健一さん。幕が開くと、玄関に置かれた大火鉢（今でも山伏町にあるそうだ）を取り囲んで患者が六、七人。青白い顔、ドス黒いそして針金の様な体、お互いに病気の事ばかり話し合って毎日同じ様な事を繰り返している。

　襖越しに刀自から、「お次さん」の声がかかると半身不随の患者が、ヒョロヒョロと観海流の平泳ぎの様な手つきで歩いて行く。また、付き添いにおんぶして貰って待合へ登場した別の患者を見ると、清水寺の清玄和尚そのまま。顔は蒼ざめ目は釣り上がり、髪は伸び上がって手足は青竹を二つに割った様で血の気はまるっきり無い。玄関へ降ろされると筋が縮み切っているためか、ビクビクブルブルと震える。

神経衰弱の私は逃げ出そうかと思ったくらいだった。それでも一週間くらいすると、患者連中にも親しみが湧くし自分の体も良くなってきたので、友人の小川中尉に薦めて二人で通う様になった。そして十週間目に、「一たて（一期）はまあこれでよろしい」と刀自から言われる様になった頃には、神経衰弱ばかりでなく宿痾《しゅくあ》の胃拡張も蓄膿症も神経痛もすっかり治って、寸時も離さなかったアスピリンも不用、袂《たもと》の重くなるほどたくさん使った鼻紙も不用、少し飲むとムカついたお酒がいくら飲んでもいい具合に廻って障らなくなる。寝つきの悪かったのが、床に入ると覚え無しに寝るという様な著しい変化を起こした。

もっとも、最初刀自から言われた様に、この療治は体を家に譬えると大黒柱の寝起こしだから、真っ直ぐに立ち直ると同時に長年ユガミナリに合っていた襖《ふすま》の建て付けがガタついてくる様に、かつて患った病気が一通り頭を出してハテナと思う時が幾度もあるが、不思議にこれは半日、一日あるいは一、二時間で治っていく。そして私の場合は、五週間目位に樽の底を抜いた様にドッと腹を通す。一週間目に海人草を飲みはするが、この時の通じ方は並大抵でなく快い通じ方がする。

十週間目に第一期を済まして、第二期目はおよそ八週間で済んだ。第三期はまた幾月か置いて六週間であったと思う。この様にして私は、第三期まで規定通りの療治を受けたためか、その後はたった一日の療治でも第一期の五週間目くらいの効果が現れる。以来今年まで二十五年間、折をみては療治を願っている。

私が過去二十五年間に目の当たりにした、この療法で効果のあった病名は脊髄病、胃病、胃拡張、神経痛、呼吸器病、瘰癧《るいれき》（頸部リンパ節の慢性腫脹）、そこひ、婦人病等で、殊に脊髄病の如きは面白いくらい効果のあるのを目撃した。ただいかなる関係か、脱腸だけは治らないとよく刀自が話されていた。

陸軍大佐　小川　三郎

私は日露戦争に出征したが、敵弾により頭を負傷して途中から内地へ還された。軍医の施術や温泉療法等で傷は治ったが、どうしたものか頭痛と眩暈が残り困っていた。当時は戦争のまっ最中で、現役の私が少々の頭痛や眩暈で遊んでいる事はとてもできなかった。そこで私は、軍医がまだ早いと言うのを無理に退院して軍務に就いたが、なかなか病気には勝てないもので暫くすると病勢増進のため再び入院するに至った。以後色々と手を尽くし養生したが遅々として回復せず、もはや手段も無くなり暫く自宅療養する事になった。

当時私はまだ二十四歳の青年士官であったが、何分にも眩暈のため練兵はできず頭痛のため書見にも差し支える状況で、悲観は極度に達し密かに自殺を考えた事もあった。

その時中学時代からの親友で、私の出征の始めから非常に激励してくれた川喜田久太夫君が見

舞に来てくれた。川喜田君は私を慰めたうえ、

「京都に井上さんという人があって不思議な療治をする。君の病気も既に、医術方面では十分手を尽くしたのだから療治を受けてみてはどうか。僕も近頃、神経衰弱の様だから療治を受けたいと思っている。それにこの様な病気は気を晴らす事が肝心だ。京都は山紫水明、心気の転換にも適するからぜひ同行せよ」と言った。

負傷後十カ月もかれこれと養生して医師の治療にも飽きた頃であり、加えて前述の如く大いに悲観していた時で、この勧誘に興味を覚えると共に川喜田君と同行する事が何より嬉しくて、早速出掛けたのがそもそも先生を知るはじめだった。

その頃先生の住居は、伏見に近い歩兵営の傍の深草村了峰寺という小さなお寺だった。暫く待っていよいよ私が診察を受ける番になった時、川喜田君が私の身上を紹介してくれると、「ああ左様か、負傷なされたか。誠にお気の毒な事じゃ」と涙を流さんばかりに言われたので私はすっかり嬉しくなり、こんな親切な人にお任せすれば必ず治るという気持ちになった。

それから毎日川喜田君とともに療治に通ったが、何しろ頭の負傷のため療治の経過としても時々気分が重くなるので、一週間も経たぬうちに早や嫌気がさして療治を休む様な状況があった。幸いにも川喜田君が私を療治に連れ出したり、あるいは名所見物に案内してくれたりしたので、いつしか療治の難関も切り抜ける事ができた。

そのうち他の患者とも心易くなりその様子を見たり聞いたりすると、この療治は真に偉大な効験がある事も知り得たので、先生に対する信頼の念も一層加わり遂に第一期の療治として四週間を連続する事ができた。

第一期の療治が済んだ時は、以前よりも幾分元気が出た様に思うくらいだったが、とにかく出勤する気になり連隊に帰った。出勤当初は相変わらず頭痛と眩暈に悩まされたが、日を経るに従い療治の効果も現れ、漸次気分も良くなり隊務も無事務まる様になった。

先生には私の家族もお世話になっており、とりわけ次女は格別のご恩を蒙った。八歳の時重いジフテリアに罹り、病後の衰弱甚だしき折柄瘰癧を発症したのだが、種々の治療も効果なく医師は切開施術の必要を説くに至った。

しかし何分女児でもあり、なるべく切りたくないと思い遂に先生にお願いしたのである。当時腫物は既に小児の拳大となり今にも破裂しそうになっていたが、先生の療治を受けると日に日に縮小し三週間後には全く消滅し、この子は今も至極壮健である。

さらに二、三私の感心した療治の効果を挙げると、ある陸軍少佐は脳が悪いと療治を受けていたが、当時京都の大商店にも氏の頭に適合する帽子が無いといって、不釣合いに小さく見える麦藁帽を頭にのせ、少しの風にも心配しつつ手で押さえて歩いていた。それなのに療治を受けて一週間も経つと、その帽子が丁度よくなり二週間後には却って大き過ぎるまでになった。

またある人は五、六歳くらいの男の子を連れてきたが、この子も脳膜炎とかで頭が非常に膨大していた。この子の療治の際、

「まず頭を縮めて元の形に直す事が肝心じゃ。最初はまず右の方を縮める」と言われ、例の通り療治に着手されると、一週間後には果たして右の方が縮小し頭は左の方へ歪んだ。

そこで先生は、

「今度は左の方を縮める」とおっしゃって、二週間後にはその言の通りになり、左右平均に良く締まった格好の頭になった。これらの療治も皆、腹を揉み背を引くのみで特別の施術は無かった様に見受けた。

またある人は、全身不随で十年も寝ていた人を担架で連れ込んできたが、これも五、六週間の後には欄干を頼りに歩行運動ができる様になった。その他、虚弱な人が壮健となり肥満した人の肉が締まり、リウマチの人が全治した様な例は沢山拝見した。

医師　金子　直弼

私は信州地方で医を業としているが、数年前よりふと眼病にかかり種々治療を加えたがその効も見えず、加えて神経衰弱を併発したためほとんど業務も廃し、東京において専ら静養していたところがある日知人より、

「井上先生の療治を受けてみてはどうか」と勧められ、その紹介をもって初めて先生を市谷のお宅に訪ね療治を願う事となった。自分の病歴を詳しく話すとご丁寧に診察してくださり、私の体が甚だしく歪んでいる事を告げられた。先生が言われる枝葉の治療にのみ今まで全力を注ぎ、根本義を閑却《かんきゃく》していた事はいかにも慚愧《ざんき》に堪えない。

その療治は主として腹部において施され、漸次背部、頸部、四肢に及ぶのである。しかも普通の按摩等と異なり、その方法の合理的な事は実に至れり尽くせりである。この療治を受ける様になりその間多少の変動はあったが、第二期の末頃に神経衰弱の方は快方に向かい、第三期に至ってはほとんど忘れる様に軽快した。否全快したと言おう。また眼病もだんだん快くなった。

先生の療治を受ける方々は、いずれも種々の治療を尽くした慢性頑固の病に罹っている。中でも医者が不治の病と認める中風、脊髄癆《ろう》等の患者も沢山見受けたが、この矯正術によって病の進行を阻止する事ができただけでなく、軽快するのにはただただ驚く以外ない。先生曰く、「私の療治は病を治すのではなく、ただ歪みを正して身体自然の位置に回復するに過ぎないのである。しかしながら、歪みが治れば不思議にも病が治癒致します。ご覧の通り随分慢性頑固の患者も、この療治を重ねますとだんだん快方に向かわれるのは論より証拠、事実が証明するのである。どうかこの事実について研究され、なおかつ今後適当と認められた患者には、一般の治療法に兼ねてこの矯正術を施されてはどうか」とのご親切な薦めを受け誠に感謝に堪えなかった。

帰郷以来、私も慢性の患者にこの療治を行ったが著しい効果には驚いた。

なぜこの様に効を奏するかの論理については深い研究を要すべきであるが、分かり易く一言に申すと、筋骨が矯正される事で体の歪みが治って真っ直ぐになり、体内の諸臓器はいずれも生理的すなわち自然の位置を保って自由自在にその機能を営むに至る。そこで胃腸の働きが良くなり、自然と食事は進み消化力も強まり滋養物の吸収も盛んになる。そして滋養に富んだ血液が至る所に循環し、栄養はますます佳良となり体は肥満し気分は爽快となり、動作はいきいきして一見別人の様に変わる。

また不治の病と称されている中風や脊髄癆《ろう》等が、次第に佳良の兆候を現すのは、栄養や新陳代謝機能が盛んになるため、あるいは既に壊廃した神経組織が再生し、新たに働きを営むからではないかと想像する。

要するにこの矯正術は病を予防するうえにも、また治すうえにおいてもその効験は多大なものであると確信する。この療法があまねく行われ、世の多くの病者や虚弱者が一日も早く健康の楽しみを享受できる様、切に希望する。

本田　秀夫

明治三六年三月二十六日、十二歳の時汽車に乗り、山陰の片田舎から京都に連れてこられた。

その後、当時川端町に住んでいた先生のお宅に同伴させられた事を覚えている。十三、四歳の時、高等小学校の雨天体操場で球を投げる拍子に過ってひどく足を挫き、帰宅後兄に伴われて車で先生をお訪ねした。その頃先生は東福寺の境内におられたと思う。

この時初めて療治を受けたが、足部にはほとんど触れる事なしにただ腹部を揉んで頂いたばかりで、不思議にも一時間後には辛うじて電車停留場まで歩行できた様に記憶している。

秋山　サヨ

初めて療治を受けたのは大正四年五月の初めである。私の体があまりに曲がり冷え込んでいたので随分先生を困らせた。

ところがたった一回の療治で、それまで五分間も体を真っ直ぐに伸ばしていられなかったのが夕食中伸ばしていても苦しくなく、食後も引き続き伸ばしている事ができ私は夢かとばかり思い、嬉しくて天にも昇る様な気持ちだった。その時の嬉しさは終生忘れられない。

療治は三期に分かれており第一期は十週間で終わり、秋に第二期の十週間、翌春の第三期が八週間だった。ちょうど第三期の半ば頃かねて聞いていた変動がまいり、一週間ほど三十九度の熱が出たり、お腹一面に亀が水面に甲を浮かべた様なコリが現れたり、激しい苦痛が襲ってきたりして苦しんだ事がある。

しかし、前々から聞いていたので少しの不安もなくその苦痛に耐え、遂にこの変動の時期を通過し一層楽な状態に入る事ができた。こうして第三期が終了すると体はますます良くなり、大正四年限りの命と思い一人息子に遺言した者が、今にながらえて春秋を楽しく迎えさせて頂いている。

相原　安太郎

私は幼少の時から胃腸が弱く他人から良法と聞けばすぐその法を行っていたが、はかばかしく快癒せずしばしば頭痛を感じていた。大正二年より少し頭部が膨れ、名医の診察を受けるにしかずと考え大正三年に上京した。

先生は訪問した私を見て、

「あなたの顔は大層膨れ体も曲がっている。そのままにしておけば肺尖を悪くする。どこかで転んで体を打った事はないか。叩かれた事はないか」と問われた。

私は明治二六年、秋田県湯沢町在住の時、鏡面の如き雪路を下駄履きにて歩行中に滑って転び、右方の頭部と腰部を激しく打ちそれ以来右下にして眠る事ができず、左下のみにて眠っているとお答えしたところ、

「それがもとで体が曲がったのである。その曲がりを直してあげるからおいでなさい。大分痼疾《こしつ》

となっているから長くなるが、辛抱する様に」とおっしゃられ、七十日間矯正の術を施してもらったところ、全く顔の膨れも取れ胃腸もまた健全になった。

前内務大臣、法学博士　鈴木　喜三郎

私が女史に療治を願ったのは明治四二年、地方裁判所長の時代からである。かつて多忙な職にあった時腹を悪くした事があるが、女史は毎日療治が済んでから十時、十一時過ぎに来て一時間も療治をして下さった。今日多忙な生活に打ち勝てるのは全く女史の療治のお蔭である。

療治の不思議な力について一度こういう事があった。

三十二、三歳の男が、姉と弟に連れられて女史の所へ尋ねてきた。話によれば大学病院の内科でも外科でも病名不明で、死を宣告された人だそうである。頭は大きな冬瓜の様で、叩けばポコポコと気味の悪い音がし口は少しも利けない。私もその頭を触ってみたが普通の感触ではなくゾッとした。女史は姉弟の熱心な願いに動かされ、

「それでは療治致しましょう」と承諾されて毎日療治を続けられた。

その後私は多忙のため数カ月休療したが、再び伺った時女史は、

「鈴木さん、先日の人はこうなられました」と言って一人の人を指された。

見れば先日の冬瓜の男で、それが見違える様になっていた。これには私も驚いた。療治でこれ

が治るだろうかと密かに思っていたが、ほとんど別人の様になっていたのでつくづくこの療治の普通でない事を感じた。その後その人が病院へ行った時、院長はただ不思議だとばかり言っていたそうだ。

いかなる病にも薬を塗るでもなければ海人草の他に何の服薬もなく、ただ筋を整え骨を正す事によってこれだけの偉効を発揮する事は、誠に不思議、神秘というより他に言葉は無い。

第一高等学校教授　黒河　龍三

初めて先生に療治を願う様になったのは明治四五年、すなわち一高の二年生の時であった。木馬を飛ぶ時に手のくるぶしを傷め近所の整骨師へ一カ月程通ったが、ほとんど効果がないので義兄の紹介によって診察を願ったところ、先生は一見されるなり右の肩が下がっていると言われ、肩の所から腕全体に亘って療治されたので少し腕が軽くなった。

しかし、根本的に治すには腹の筋から療治しなければならないと言われ、その時は学校に通っていたので暑中休暇になってから腹の療治を主にして六週間、その後暫く休んで第二回、第三回の療治をお願いした。手の方は、このうち第一回目の療治の初めの一カ月位で全く痛みが去った。

この療治法が無ければ一生涯の持病になっていたかと思うと、このご恩を一生忘れてはならない。その後は怪我でもすれば早速に療治を願うので、一番長い時でも五日で全快した。一度格子が外れ蔵の二階から落ち、体の所々痛めた時など一回の療治で治った事もある。

外交官　特命全権大使　田中　都吉

私が療治を願ったのは大正二年頃で、先生は当時四谷の仲町にお住まいだった。その頃私は胃腸を害し医薬に親しみがちで、床に就く事は無かったが何か良い療法はないものかと考えている時だった。その時友人の千葉胤造氏が遊びに来られ、話のついでに先生の療治の事が出た。これを聞いた私は心大いに動き、早速紹介を願って先生のお宅へお伺いした。最初に写真を撮ってもらったが今それを見ると、体の歪んで貧弱だった事に自分ながら驚くのである。第一期終了の時にも撮っているが、この時にはもう姿勢も大分良くなり肉もよほど付いてきている。

教育家　小沼　奈美

先生に療治を願ったのは大正六年二月一日からで、牛込の筑土八幡にお住まいの頃だった。当時私は病気療養のため上京していたが、病気が治り医薬の必要が無くなっているのに、気持ちがはっきりせずどこか悪い様な感じがしてならなかった。たまたま先生の療治の事を承りさっそく診察して頂いたが、その時先生は、

「私は医者でないから直接病気を治してあげられないが、体の歪みを治し筋を整えてあげましょう。そうすると病気も自然に治って達者になりますからお任せなさい。あなたはよほどお仕事に骨を折られたため体をすっかり悪くしておられます。ひとつしっかりやりましょう。

私は誰にでもこの療治は致しません。その人の療治に対する態度によってはお断り致します。それは療治を受ける人に熱心と信頼が無ければ、どれだけ骨を折ってみても効果が無いからです」と言ってくださり、この言葉に私はますます感服した。

そしてこの方に体を任せれば必ず治るという確信を得た。

療治は三期に分かれていて、一期は十週、二期は七週、三期は五週であったと記憶している。私は熱心に通い先生のおっしゃる事をよく守ったので、先生は大変喜ばれ九週で第一期が終わった。

その後私の体は良くなったので、ある人からの依頼黙し難く、水道橋の桜蔭女学校の寄宿舎の舎監になった。勿論この時は先生に相談したが、先生も働かれる方がよいと賛成してくださった。ところが大正八年の暑中休暇中、稀なる酷暑と仕事の過労、それに先生が郷里に帰られ療治が無かったため、ある日非常な腹痛に襲われた。

来てくださった内科の医者はどうも原因が分からないと言うので、二十年来かかりつけている横浜の医者を呼んで診察を乞うたが、これもまた原因不明だから暫く経過を見なければ分からないと言うので、ある病院へ入院した。入院後、胆石のある事が分かり手当てを受けたが、その時はもう衰弱が甚だしく言葉通りの骨と皮になった。そこで医者は、「手術をせねばならないが、この衰弱では到底手術できないから暫く様子を見るより仕方がない」と言うので手術は受けずに過ごした。この時、「辛抱して療治を続けさえすれば何病でも治る。体の歪みを治し血液の循環を良くしさえすれば、時間はかかるが治らない病気はない」との先生の言葉を思い出し、私は断然退院し、先生にお願いする事にした。

病院の方も石があまり大きいのと、衰弱していて手術が困難なため早晩余病のために斃《たお》れるものと思い、退院してほしい様だった。それで退院を申し出た時には快く聞き入れてくれ、動かしては悪いと言うので担架で家へ送られた。

帰ってからは先生を頼り、気長く療治をお願いする事になった。

翌大正九年六月十四日の五時頃、親指の先ほども大きな石が出た。それからは一層療治に対する信仰を加え、どこが悪くても先生の療治さえ受ければ良くなるという確信を得て、今は健一先生にお世話になっており、最後までご厄介になって終わりたいと考えている。

工学士　中川　惣太

自分は元来弱い方ではなかったが、どうした事か明治三七年頃ふと発病したので主治医の診察を受けたが、心臓が悪くリウマチも手伝っているとの見立てだった。かれこれするうち、脈拍が一分間に二、三度停滞するという騒ぎになったため、さっそく大学の三浦、青山両博士に診察を仰いだところ神経衰弱症というに決し、内服やら電気療法やら三年間療養したが思わしい結果が見えなかった。

そのうちだんだんと脳の具合が悪くなり、神経のせいかは知らぬが筋が緊縮する様な気もし、頭から体全体にゴムでもかぶったあんばいで実に不愉快でならなかった。それのみならず、判断力が鈍ってきて気がボンヤリとなり胆力は減ってくる、ガサッとした鼠の音にもおじけが起こり短気になる、物を苦に病むという有様だった。

日頃懇意にしている博士からは、薬や電気ばかりやっているより閑静な景色の良い所で療養をとの仰せで、今日は小田原、明日は箱根といわゆる山紫水明の地を求めたが、ついに寸効もなく小田原に居た時は少し胃部に痛みを感じた。

しかしたいした事でもなかったので、医師の診察を受けずそのままにしていたところ俄然胃痙攣を起こし、小田原の医師や東京の博士などを迎え大騒ぎした。博士の診断では胃拡張であるとの話であった。

それからというものは一週間に一、二度必ず痙攣が起こり困っていた。そのうち突然腰部に激しい疼痛を覚えたが、明くる日はちっとも腰が立たず、膝行するしかなかった。

さっそく青山、三浦、入澤、岡田、山田、佐藤の六人の博士の診察を受けると、脊髄病と座骨神経痛という事で薬をつけたり飲んだり電気をかけたりして六十日も経つうち、人の肩にすがってやっとの事でブラブラ歩ける様になったが、それからは持病の胃痙攣が起こり脈拍の停滞は甚だしく、腰は痛み手足はしびれ、またしても温泉転地を繰り返していた。

ちょうど箱根の湯本に居た時、同宿の児島医学士に診察を願った事があり、その時学士の言われるに、

「君の病気は慢性的になっているから、医療では到底十分の見込みが無い。僕は京都の三高時代に強度の肋膜炎を患った事があり、笠原、中西その他の先生方に百日以上世話になったが、寸効も無いので転地しようと思っている矢先、折田校長の勧めで女史の療治を受けた。

女史の療治は実に妙術であり、一期七週間、二期五週間、三期二週間で全治した。先生の療治を受けられたならば全快されるのではないか。幸いここに先生の療治によって全快された人が書いておられる物があるから参考までにご覧なさい」と、某法学博士が明治三四年に非売品として出版された『医学社会の大光輝』および憲堂小田垣彦三郎著、『学事教育時代観』の二書を与えられた。

自分はこれまで良いという療法はし尽くした事なり。このうえは児島医学士の薦められる井上氏にぜひ診察を願いたいと思い、学士に紹介を乞うたところ、

「京都の深草におられる頃までは文通もしていたが、その後東京へ引っ越しされてからは住居不明のため実に残念な事ながら今すぐ紹介する訳にはゆきません。しかし貴下も東京にお住みの事なれば、またどんな好機会で先生に出会われるかもしれません。よって僕が紹介の名刺を差し上げておく」との事で、せっかく光明を見つけ出したのにそれを失った様に思えて残念がった。

その後東京へ帰っていた時義父が見舞いに来て、常に心易くしている矢ノ倉病院長の寺田先生に私の病気の事を話してくれたところ、

「自分が強度のリウマチで寝起きもできぬ様になった時、井上仲子という人に助けられた。この人の療治は実に妙術で自分は確と信用し、患者にも薦めて療治を願っているが皆効能がある」との話で、意外にも児島医学士の薦めの井上氏の事なのであり、さっそく寺田先生をご訪問し紹介状を願ったところ、

「井上氏の療治を願われるのは至極結構。しかし十人の者なれば八人までは療治の中ほどで体に変動が来るが、この時狼狽せぬ様に。体を井上氏に任せる心になれば紹介状は差し上げる」との事で、翌日ついに井上先生を訪ねて診察を願った。

先生の見立てによれば、

「筋の作用が不整理になったがため、脊椎の湾曲を来たしたのが発病の原因であるから、それさえ矯正すれば全治するであろう」との事だった。

それからは毎日、下腹部についておよそ二十分間筋を調べる療治をされた。こうして三週間くらい経つと、何だか病気がだんだんとひどくなってくる気分になった。これこそかねて聞いている変動だと喜ばしく思った。それが七週間後からは、一刻一刻と軽快を感じてきた。これがちょうど第一期の事であり、十週間にわたって療治が繰り返されたのである。

第一期より第二期の療治までは六十日間休養した。第二期は八週間受療したが、三週間目くらいになって病が少しひどくなる様な気分であったが、その後おいおいと軽快を感じた。二期から三期までの間はやはり六十日間休み、第三期すなわち最終の療治は五週間受けたが、この時はほとんど自分から無病と思っていたくらいだった。

これまで名医の診察、名士の健康法もそのところを得ず名薬の服用もその効なく、この分では快々《おうおう》として病苦の生涯を送る他なかろうかと、煩悶《はんもん》に煩悶を重ねた自分の重症も前後三回、二十三週百六十一日間における井上先生の矯正術によって、無病強健なる体になったのである。

事実は何よりの証拠である。自分はこの大恩を先生に謝すると共に、天下の羸弱《るいじゃく》者に対し一刻も早くこの仁術妙法の一大特効を知らせたいと思う。

今ひとつ言い添える事は、全治後の自分の体の肥大になった事である。体が良くなると食物が進み、気も晴れ晴れするから何をしても面白い。この様な具合で体量が二貫八百五十匁《もんめ》増加し、今では十六貫二百五十匁になった。

自分の療治中、自らの病気が癒えた事よりもなお意外に感じたのは、不治中の不治病とされている癌腫の人や、脊髄癆、中風、肺病、その他医療及び諸種の療法に見放された人々が全快する事である。

日本銀行監事　島　郁太郎

明治三四、五年の頃、胃腸の病に罹った。その頃友人が、京都に井上仲子という一女史が居ると言う。人身の矯正を行い、医学博士がサジを投げた者を数えきれないほど治癒させたと。

刀自の療治を受ける機会なく歳月を送っていたが、今より十余年前、咽喉《いんこう》部に一つの豆大の瘤を生じこれが漸次増大しクルミ大となりやがて鶏卵大となり、食物の咽下《えんか》に不快を感じ、気分も優れなくなった。直ちに専門医学博士の診断を受けると、悪性ではないが場所が頭部に近いため手術で摘出する事はできないと言う。

数カ月間治療を受けるも一向にその効果がみられず、遂に不治のものと断念したが、たまたま一知人より刀自が輦下《れんか》に在り専ら療治に従事されていると聞き、空谷《くうこく》に跫音《きょうおん》を聴くの思いですぐにその紹介を持って診察を受けた。

「私は医者ではない。よってこの腫物の対症法を知らない。しかしながら私の行うところは体の矯正にあるのであり、体が端正ならば疾病の起こる理由なしと思う。ゆえに脊柱端直、腹筋釣合を得れば自ら癒える」

私は刀自の言葉に、真理ありと首肯《しゅこう》し療治を受けた。およそ二カ月の後には咽喉部の瘤が少しずつ縮小しかつ柔軟となり、ようやくこれに気を置かなくなり知らず知らずの間に全然消滅し痕跡を止めなくなった。以来私は、健康に多少の違和を覚える事があれば療治を受ける事を常とした。

そもそも刀自の術は、何人より伝授を受けたのではなく独特の創意であるという。元来刀自は慈愛心深く、人に接するに親切丁寧、しかも貴賤貧富の別なくいわゆる一視同仁である。

実業家　福井　藤吉

刀自に接したのは加賀町時代で、既に老境に達せられた頃だった。よく、いいお腹になったと喜ばれたのを思い出す。私はたまたまゴルフで背筋を傷めたのが因となって、初めて先生の療治を受け背筋は一週間を経ずして全癒したが、背筋だけではなく体の悪い所が愉快に除かれたので以来しばしばご厄介になっている。

自分の知っている範囲でも、奇蹟的とさえ思われる治癒の実例が多々ある。中でも知人の夫人で三、四カ月も大病院の診療を受けたがますます痛くなり、少しも動かなくなった腕の筋を明日病院で切開するという間際に先生を紹介したところ、その日から少しずつ動く様になり一カ月を経ずして完全に治った事がある。

自分は薬の商売をしているのに薬の事をけなす様だが、薬そのもので病気は治らないと思う。米国のある大医が、キニーネとモルヒネの他に効く薬は無いと言った事もある。薬無しの治療が流行するのも確かに一理ありで、クリスチャン・サイエンスの相も変わらぬ繁昌、さては背骨を正しくするカイロプラクティック医が、米国で盛んになったのももっともである。

そうして吾が但馬の国の片田舎にこれらと独立に東西相隔絶して起こり、実験から出発して幾多の優越点を有する療治法を創始された刀自と、これを継がれた健一先生の大なる業績は感謝する受術者を通じて永く世に残るであろう。

佐藤　治

明治四二年初夏の頃から腰が痛み、翌四三年に脊椎カリエス（腐骨症）である事が分かり非常なる悲観に暮れた。ある時は転地をし、東京帝国大学附属病院整形外科にて診察を受け、田代博士ご指名のコルセットを身に付けて色々と養生をしていた。これで脊椎の負担を軽くして栄養を十分にすれば、全快せぬまでも固着して相当活動のできる様になると考えていたが体はだんだん右に曲がってきた。

ちょうど二月の終わり頃、婦人雑誌に筋骨を矯正して諸病を癒やす人のある事が出ているという話を友人から聞き、当時静岡に居たが夜行列車に乗って市谷の門を叩いた。さて療治をお願いすると規則として保証人を要すという事で、大いに当惑したが無理をお願いしたところ、「内証で私が保証人になってあげましょう。ともかく診察を」と、健一先生が言ってくださった。それで療治を願う事になったが、半年以上これ無しでは歩行できないと身に付けていたコルセットを先生方に託し、帰途はステッキのみでその友人方へ参り、東京に宿をとる事とした。

それから雨の日も風の日も通い療治が痛くて堪らんと思った時もあったが、下療治を健一先生がしてくださりその後を刀自がしてくださった。起居は何かに身を添えなくては動けず、起床して洗面する時など左手を流し台に添え右手で猫の如く洗面したり、ともかく一旦直立して体をそのままにして膝を折り、手を垂直にして畳の物を取りぼつぼつ直立するという事をしてきた体が、普通の人がする様に腰に力を入れ自由にできる様になった時は思わず涙が流れ、「先生、こんな事ができる様になりました」と申した事を今に忘れない。

私は実に厄介な病気に罹って一時は悲観し、友人達もいずれは死ぬものと思っていたであろうが先生の療治によって今日まで健全に過ごす事のできるのは、誠に幸せと深く感謝してやまぬ次第である。

陸軍中将夫人　大澤　ひさ

私の体が悪くなった時、懇意にしている医者に診察してもらったところ、「今はこれぞという病気ではないが、どうも徴候が胃癌らしい」という話であった。もし胃癌になれば今の医学では治らない、かといって薬を飲まぬ訳にもいかぬからいっその事先生の療治を受けてみようと、覚悟して加賀町のお宅へ伺った。

診察の結果、

「このままにしておくと悪くなるから、今のうちに療治をしておかれるがよい。必ず治してあげますから、あなたも必ず治ると信じて続いておいでなさい。病気は私に任して忘れてしまいなさい」とおっしゃった。

この言葉に私は強く引きつけられ、全部をお任せする事にした。それからは雨の日も風の日も休まず約一年余りの間通い、

「もうこれでよろしい」という言葉を頂くまで参ったが、今日まで別に病気もせず勿論胃癌も起こらず元気に暮らしている。

先生は貴賤貧富によって人を差別する事なく、皆平等に取り扱われ心からその人のためという

事を中心に考えられた。
最後まで世に隠れ、世俗的名誉という様な事には一切心をかけられなかった。

患者　某氏

これまでごく少数の友人に筋骨矯正術の話をしてみましたが、科学が進歩する今日ではなかなか信じてもらえず、療治を受けた事のない友人に理解してもらうのは難しい事だと、こちらから話さなくなっていった様です。このたび井上健一先生の療治について話をする機会をいただきましたが、この様な事は全く初めてでした。

私が元気で働いてこられたのも先生のおかげですが、家内はその事を常々感じているので唯一の理解者です。先生の療治を最初に受けたのは、昭和三三年の三月でした。最後は昭和三七年の一月でした。

私は井上浩さんが健一先生のお孫さんであり、筋骨矯正術について調べておられる事をとても嬉しく思っています。私は療治を受けた経験しかお話しできませんが、私の経験がお役に立てば幸いです。

平成二九年四月一六日

祖父健一のかつての患者さんであり、現在もお元気で活躍中の方と、伯母の紹介によりお会いする事ができ、その方から後日手紙をお寄せいただいた。

その要旨が、右記の「患者某氏」による文章である。

この方は、健一の療治を最後に受けてから六十年近くが経とうとしている今でも、健一への感謝の気持ちを忘れずに持っておられ、遠い記憶をたぐり寄せながら療治の様子を振り返ってくださった。

手紙の中の、「科学が進歩する今日では、（筋骨矯正術の事を）なかなか信じてもらえず」という一節に触れ、仲子の患者さんの一人、井口已之助氏の言葉を筆者は思い起こした。

「世間は変わった療法、珍しい療法と見なしたかもしれぬが、刀自としては別に不思議だとも思われなかった。ただ素直に、当然の事を当然に施したに過ぎない。言い換えれば、歪んでいるのを真っ直ぐにするだけの事。すなわち〝柳は緑、花は紅〟という天地自然あるがままの大法を、人体に応用されたのであろうと思われる。

それゆえに、この療法には些《いささ》かも無理がない。無理がないから融通無碍である。いかなる時いかなる場所にあっても自由自在、よく随所に主となり得る療法である。

医術がいかに進歩しても、決してこれと扞格《かんかく》する事はない。ないどころではない、むしろ相依り相応じてますます効果を上げうるものと信ぜられる」

井口巳之助氏曰く、筋骨矯正術は変わった療法、珍しい療法などではなく、歪んでいるのを真っ直ぐにするだけのいわば〝自然の原理〟に則した療法であると説く。

そして科学や医術がいかに進歩しても、筋骨矯正術は融通無碍であるため互いに相容れぬ事はないとも語っている。

しかしながら、その〝自然の原理〟立証の難しさに筆者は直面しているのである。

第二章　井上仲子とはどんな人物だったのか

七十歳頃の仲子刀自

1. 年譜

井上仲子は兵庫県但馬国養父郡八木村、上垣利兵衛重信の長女。母は同郡大屋中村、正垣市良左衛門正貞の子なり。

嘉永二年　一歳

十二月六日、誕生。

安政二年　七歳

八月七日、母を喪う。

安政三年　八歳

継母来る。

明治元年　二十歳

西園寺勅使山陰道ご巡行の際、上垣家本陣を勤む。

明治三年　二十二歳

八月、同県朝来郡竹田村の内筒江村、井上吉右衛門に嫁す。

明治四年　二十三歳

養蚕中肩痛を覚え、右手の屈伸自由ならず。
明治七年　二十六歳
自ら療治法を案出す。
明治八年　二十七歳
京都大徳寺の牧宗管長を療治す。世間ようやくその療治を信じ整骨師と称す。
明治九年　二十八歳
四月十八日、父母を喪う（大阪竹田劇場失火の時に焼死す）。家に在り整骨術をなす。
この頃、イワン講と称する邪教が流行し村内これに迷わさるる者多く、後難を恐れ金品を提供する者また多し。この邪教排撃のため大いに努め、これに代わりうるに妙見の信仰をもってす。
明治十年　二十九歳
家に在り整骨術をなす。
明治十一年　三十歳
実兄の大病を療治す。脊梁骨および臍筋を治する事を発明し、矯正術と呼ぶ。
矯正術施行上につき、一週間毎に海人草（俗にマクリ、虫下しとも言う）を用いる事を考究す。
明治十二年　三十一歳
家に在り整骨および矯正術の療治をなす。

明治十四年　三十三歳

病に罹り瀕死の状態に陥りしも、幸いにして治癒す。この時不思議なる夢を見、深く自己の使命を悟る。これより一層、矯正術のために工夫研究を凝らす。

明治十五年　三十四歳

家に在り、または地方隣国にて矯正術の療治をなす。

明治十九年　三十八歳

佐渡金山の服部貞貫前長官を療治す。

明治二〇年　三十九歳

井上順次氏（仲子の夫の弟）を整骨術に従事さす。

秋、故郷筒江村から氏神の飛び行かれし神社に、参詣せし事を夢む。

冬、生野銀山の朝倉盛明長官を療治す。

明治二一年　四十歳

家または地方隣国にて矯正術をなす。

明治二四年　四十三歳

一月、男子を産み健一と名づく。

向谷医師と共に鳥取病院に赴く。

明治二五年　四十四歳
家にて矯正術をなす。
明治二六年　四十五歳
井上順次氏に整骨術允許証《いんきょしょう》を与える。
姪を配して家を託し小児を夫およびその弟夫妻に託し、家を出て患者を療治す。
明治二七年　四十六歳
長谷波廣助氏（今、静哉）に入門を許し、地方隣国にて矯正術をなす。
明治二八年　四十七歳
大阪に出て矯正術をなす。北村耕宗氏を子とす。
堂名を「与楽堂」とす。
明治二九年　四十八歳
神戸において矯正術をなす。
直木政之助氏家族衆および宗眞彦氏、奥平野祥福寺の五葉愚渓師等を療治す。
明治三〇年　四十九歳
京都嵯峨天龍寺の峩山《がざん》管長を療治す。
明治三一年　五十歳

京都へ移転す。猪熊夏樹氏および金閣寺の伊藤貫宗住職を療治す。

長谷波氏に整骨術允許証を与う。峩山和尚の禅堂に入る事を許さる、これ女性入堂の嚆矢《こうし》とす。

明治三二年　五十一歳

暫く但馬へ帰る。富岡鉄斎翁、中村嘉吉郎氏、稲垣藤兵衛氏家族衆等を療治す。

富岡鉄斎翁より、「行気堂」の堂名を贈らる。

明治三三年　五十二歳

峩山禅師、遷化せらる。

天龍寺より遺物を贈られたるより仲子前年（峩山禅師在世の際）、補綴斑々たる禅師常用の寝衣を見たる事あり渇望の情禁ぜず、これを請い十襲《じっしゅう》して秘蔵す。

橋本昌世氏およびその家族衆、京都第三高等学校長の折田彦市氏、貴族院議員の藤井行徳子爵、小田垣彦三郎氏、三國一磬氏夫婦等を療治す。

十二月、峩山禅師の墨蹟（双幅、筐書を富岡鉄斎翁に頼みしもの）を、天龍寺山内鹿王院へ納む。

明治三四年　五十三歳

京都府立療病院長と会見す。

某法学博士『医学社会の大光輝　井上仲子女史筋骨矯正術』と称する冊子を、非売品として出版せらる。

貴族院議員の北垣國道男爵、陸軍少将の阿武素行氏、貴族院議員の松本鼎氏、井上毅子爵夫人、京都帝国大学の木下廣次総長、およびその家族衆等を療治す。

北垣國道男爵、前年来秘蔵せらる峩山禅師古寝衣の筐書を恵まる。

但馬より子健一を呼び寄す。

明治三五年　五十四歳

木下大学総長邸において、医学士の松岡道次氏（後、博士）に会見す。

『筋骨矯正術概要』五百部を印刷す。

愛国婦人会の奥村五百子女史、頭山満氏、京都大学の吉田彦六郎教授、山口鋭之助教授夫人、村岡範為馳《はんいち》教授等を治癒す。

十月、東福寺の済門敬沖管長より峩山禅師寝衣の筐書（北垣國道氏の書かれし裏）を恵まる。

愛国婦人会の奥村五百子女史と、姉妹の約を結ぶ。

矯正術に対する非難、迫害いよいよ激しくなる。

明治三六年　五十五歳

九條公爵およびその側室中川雪子氏、飯田新七氏の母堂等を治癒す。

明治三七年　五十六歳

大阪毎日新聞紙上に「東洋のヲステヲバセ」と題し仲子の事を載せらる。

佛光寺法主の祖母の微妙院氏、日露戦役の負傷将校四人を療治す。

東福寺専門道場役寮の尾関本孝氏の嘱託により、同寺中南明院に入り修繕の事に参与し移住してこれを監督す。九月、南明院修繕ほとんどなる。

飯田新七氏およびその一族の人々を療治す。

明治三八年　五十七歳

石井行昌子爵、池尻基房子爵、金澤松治氏、伊勢の川喜田久太夫氏等を療治す。

義子耕宗和尚来りて、深草了峯寺を改築せんと欲す。ために、その事を担当せられん事を請われ改築に従事、落成の上これに住し広く患者の寄附を仰ぎ仏具を完備せり。

金澤松治氏、『井上女史筋骨矯正術』と題する冊子を出版せらる。

日露戦役病死者の法要を営む。

奥村五百子女史の頼みにより、愛国婦人会の代表として京都の負傷兵を慰問す。

明治三九年　五十八歳

宇治興聖寺の西野石梁住職、および日露戦役負傷の将校五名等を療治す。

明治四〇年　五十九歳

一月、伊勢に転地療養す。

二月、奥村五百子女史逝去。

黒田譲氏著『続江湖快心録』に、仲子の事を掲載せらる。

健一矯正術に従事す。

秋、宇治興聖寺の西野石梁禅師、汽車にて怪我せられしを療治す。

明治四一年　六十歳

大隈伯爵に面謁《めんえつ》し、矯正術についての希望を述べる。

神戸の村田平左衛門氏およびその家族衆、大阪の大谷繁子氏、宇治興聖寺の西野宏峰氏等を療治す。

明治四二年　六十一歳

東京に移転す。

林学士の堀田巳之助氏と共に、河合林学博士を訪ね矯正術の談話をなす。

金澤松右衛門前貴族院議員およびその家族衆、谷口秀太郎氏、大審院の安居修三判事家族衆、堀田巳之助氏、若林七五郎氏等を療治す。

正親町伯爵家より乞われしも、往診は一切謝絶の主旨なるをもってこれを辞す。

十月、病気療養のため京都へ帰る。

東福寺の井山九峰管長を療治す。

明治四三年　六十二歳

二月、再び東上す。

井上侯爵より乞われしも、往診謝絶主義なるをもってこれを辞す。

内務省技師の大江新太郎氏、台湾鉄道部の菅野忠五郎氏、海軍大学の堀池彌太郎教授、鉄道院理事の杉浦宗三郎氏、同、大道良太氏の母堂等を療治す。

桂太郎侯爵来りて療治を乞われしも、紹介者なきためにこれを謝絶す。

明治四四年　六十三歳

矢の倉病院の寺田織尾院長、小野田元熙貴族院議員およびその家族衆、陸軍主計総監の野田豁男爵、陸軍中将の原口兼濟男爵等を療治す。

松方侯爵および山本伯爵より乞われしも、往診謝絶主義なるためこれを辞す。

十一月、某宮家より使者をもって療治を乞われしも、主義の為これを奉辞す。

明治四五年、大正元年　六十四歳

四月、健一妻を迎える。

司法次官の鈴木喜三郎氏、北京大学の小野孝太郎教授、東京府女子師範学校校長の鈴木光愛氏、浮田眞郷氏等を療治す。

一條公爵家、徳大寺、細川両侯爵家、その他貴紳より往診を乞われしも、皆主義のためにこれを謝絶す。

大正二年　六十五歳

児島貢医学士、橋本清助氏、下村喜兵衛氏、日光の小西喜一郎氏、大河内峯子氏、島田藤吉氏、玉塚榮次郎氏およびその家族衆、淡島嘉兵衛氏、井上子爵夫人の千八重子氏、田尻稲次郎子爵の長男鐵太郎氏、木村貞子氏、嘉悦孝子氏、西彦兵衛氏、マダム・クリンゲン氏、フランソワー氏等を療治す。

某宮家より来療者をもって往診を乞われしも、主義のためにこれを奉辞す。

四月、長孫生まれ正と名づく。

小田垣彦三郎氏著、『学事教育時代観』中に仲子の事を掲載せらる。

大正三年　六十六歳

中山巳代蔵前栃木県知事、金子病院長・金子直躬氏、齋藤孝治府会議長・安田善衛氏およびその家族衆、陸軍少将の森岡正元氏およびその家族衆、金澤医学士、小島隆義氏、草刈軍医監の令孫等を療治す。

大正四年　六十七歳

宮内省宗秩寮主事の工藤一記氏夫人、板倉勝鈞子爵、板倉勝豪子爵、貴族院議員の松平義生子爵、伊澤修二氏夫人の千世子氏、小松原英太郎氏夫人の幾智子氏、マリールイズ氏等を療治す。

大正五年　六十八歳

峩山禅師十七回忌につき、往年遺物として贈られたる禅師の旧寝衣を天龍寺へ還納す。

中川惣太工学士著『井上仲子女史筋骨矯正術』千部を出版せらる。

西川光次郎氏著『最新健康法全書』中、仲子の事を掲載せらる。

枢密顧問官の細川潤次郎男爵およびその家族衆、松村政顕男爵（田尻子爵の三男）、鈴木荘六陸軍少将の夫人等を療治す。

十月、夫の吉右衛門没す。

大正六年　六十九歳

学習院大学教授の小牧健夫氏、松木鼎三郎氏、松平侯爵夫人の節子氏、京都大学教授の園正造理学博士、藤崎三郎助氏令嬢、下田次郎氏母堂、岡田祐二氏およびその家族衆等を療治す。

大正七年　七十歳

五月、健一および同郷人の片岡麗君を伴い三十二年前に夢拝せし、下総布施の弁財天に詣で、祠伝の来由記、略縁起の二巻を写し浄書して細川潤次郎男爵、現住大僧都の得眞師の跋を請う。これを但馬筒江村の、厳島神社に奉納せんと欲するをもってなり。

木下熊雄理学博士、函館控訴院の常松英吉検事長、入澤敏雄海軍中将、島郁太郎日本銀行監事、大審院の岩田一郎判事、陸軍中将の兵頭雅誉氏夫婦等を療治す。

金子博愛氏著『世に問う』の中に仲子の事を載せらる。

夏、大腸カタルに罹り、後の衰弱甚だしく暫く静養せり。その間健一、専ら療治に従事せり。

病気全快後、老年の事とて監督として直接療治に従事する事、前より少なくなりたり。

大正八年　七十一歳

外務省の田中都吉通商局長、宮本叔医学博士、本荘孝子氏、秋田太吉氏およびその家族衆等を療治す。

四月、皇太子殿下御成年御式のみぎり、但馬出石の櫻井勉先生がその賀宴に陪され、ご東上中、山田貞助氏より筋骨矯正術の事を聞きしとて、森勝太郎氏と同道ご訪問下され、たってのご希望で仲子が矯正術を創めしより今日に至るまでの経歴を、取り摘んで述べたるを森氏が筆記され、櫻井先生これを『筋骨矯正術創意者井上仲子刀自行実』と名付け、ぜひ出版せよとご慫《しょう》慂《よう》下されしにつき、さらに仲子の年表を付け加え、枢密顧問官文学博士の細川潤次郎男爵、および司法次官法学博士の鈴木喜三郎先生に題字を乞いて冊子となし、知人の間に頒れり。この書は、櫻井勉先生の斡旋により天覧、台覧の栄をかたじけなくせり。

八月十九日、健一と郷里に帰り、前年細川男爵および得眞大僧都に跋文を請いたる、下総布施弁財天来由記、略縁起、ならびに利根川図誌、布施写真八葉、他に弁財天本殿同全景を（大阪に引き伸ばしたるもの）額面に製し、筒江の厳島神社に奉納し、また筒江村氏神、厳島神社御本殿正面、および御山全景を撮影し東京へ帰り（大阪に引き伸ばし）、額面に製しこれを布施弁財天へ奉納す。

大正九年　七十二歳

櫻井眞清海軍少将、鳩山一郎氏、姉小路伯爵の家族衆、土橋源蔵氏、植木武彦氏、淺田鐵之輔氏、大倉邦彦氏の家族衆、松平侯爵の家族衆等を療治す。

大正十年　七十三歳

鍋島直庸子爵およびその家族衆、龍居頼三氏、川端信之氏、堀田正恒伯爵の家族衆、松平伯爵の家族衆、松永盛海軍大佐等を療治す。

大正十一年　七十四歳

海軍大学校長の加藤寛治海軍中将、田原乱医学士、伊藤萬太郎氏およびその家族衆、南茂平氏、声楽家の関屋敏子嬢、関屋祐之介氏、宮城控訴院の川淵龍起検事長、金井康法学士、梅岡源太郎氏、梅岡正吉氏の家族衆、増上寺管長・堀尾大僧正、鈴木善建氏、平沼麒一郎司法大臣、戸田康英子爵、福井藤吉氏およびその家族衆、田中武兵衛氏およびその家族衆を療治す。

大正十二年　七十五歳

療治創業、満五十年に達せり。

四月、郷里筒江村に新築落成し、その祝いを筒江村にて行えり。

九月一日、関東に大地震あり、郷里より帰京せし翌日の事なりき。幸い一同無事、庭に避難しそこにて数日を過ごしたり。この時大火災のため食糧一般に不足したれども、幸い貯えありしため毎日数人の患者衆、およびその家族の方々に食物を供する事を得たり。震災後、心身疲労のため療治する事一層少なくなれり。

大震災ありしため、創業満五十年の祝いを大正十四年まで延期する事とせり。

細川潤次郎男爵、療治五十年記念として書を贈らる。

伊達宗起男爵、柏原孫左門氏、野々村順子氏、生田定之氏等を療治す。

大正十三年　七十六歳

梅岡平七氏夫妻、鵜澤聰明貴族院議員の家族衆、水橋義之助氏、杵屋寒玉氏夫人、大澤界雄陸軍中将およびその家族衆、出井吾一氏夫妻等を療治す。

肺炎に罹り床に就く。全快後も衰弱甚だしく静養に努む。

夏、軸物什器等の一部を郷里に送りて、これを蔵する事とせり。

大正十四年　七十七歳

下田次郎文学博士および家族衆、鳥居花子氏、大倉時治氏の家族衆、綿貫助次郎氏の家族衆、東京控訴院長の和仁貞吉法学博士、大審院長の牧野菊之助法学博士、三谷長三郎氏夫妻、鶉塚よし子氏、謡曲家の観世元滋氏等を療治す。

喜寿の祝いをなし諸氏に記念品を贈呈す。郷里においてもそれぞれ記念寄附をなせり。また七十歳以上の老人を招待し、子供達には菓子を贈りて喜びを頒ちたり。

鈴木善建氏『鳴琴集』なる歌集を編みて、記念のために贈られたり。また「寄琴祝」なる題下に、患者衆に短歌を記念のために願いたり。

大正十五年　昭和元年　七十八歳

徳川厚男爵夫人、杵屋寒玉氏、小川市太郎氏夫妻、川喜田壮太郎氏、山縣鐵蔵氏、醍醐忠重公爵等を療治す。

昭和二年　七十九歳

四月一日、孫の正死去のため大いに力落とさる。秋頃より床に就きたり。

昭和三年　八十歳

高齢のゆえをもって天杯を拝受す。時に病床を離るる事あるも、多くは床にて休まれたり。

昭和四年　八十一歳

十月十四日、牛込区南山伏町十番地において永眠す。

2．若い頃の仲子

仲子は兄一人妹一人の三人兄妹で、幼時は何不自由なく皆に愛されて大きくなった。ところが、七歳の時母を喪い八歳の時継母が来たが、気の強い負けず嫌いの仲子にずいぶん辛くあたったという。

ある日、大雲寺へ今釈迦と言われていた高僧が説教に来た時の事である。

仲子も村の娘達と一緒に説教を聞きに行ったところ、若い僧達が娘達をからかった。この時仲子は憤慨し、その若い僧達を捕えて不心得をなじり、「俗人の言葉なら気にも留めないが、僧ともあろう者の言葉としては聞き捨てならない。謝るまでは承知できない」と言って大いに困らせた。勿論、上垣家が檀家頭であったからでもあろうが、仲子らしい一徹のところがよく表れている。

十八、九歳の頃のある晩の事、蔵の横から盗人が入って来て、寝ている仲子を起こし金を強要した。その時仲子は黙って立って行き、水を飲んでから盗人にも水を飲ませ、隣室に寝ている父母を起こさない様静かに小遣い銭をやって帰したという。

後でその盗人が捕らえられた時、「気持ちの悪い娘であった」と言ったそうだ。

明治元年（一八六八年）戊辰の年に、西園寺公爵が勅使として山陰道へ巡幸した。この時仲子は二十歳、上垣家がその本陣を務める事になり、仲子は接待する役を引き受ける事になった。その後、時の侍大将だった薩摩の人は、立派に役目を果たした仲子が並ならぬ娘である事を見抜き、親類の嫁に欲しいと懇望し二十一歳の時筒江村の井上忠右衛門氏に嫁いだ。ところが不幸にも、ほどなく夫が逝去したため里に帰ろうとしたが、人々の懇望により弟の吉右衛門氏と再婚した。小姑が沢山居たため村では、「芥溜《ごみた》めに鶴が降りた」という評判が立った。仲子が嫁に行ってから継母は非常に淋しがり、仲子を慕って初めとは打って変わった態度になったという。

明治九年（一八七六年）、仲子が二十八歳の時、但馬およびその近隣にイワン講と称する邪教が流行し、筒江村にもこれに迷わされる者が日毎に多くなった。

「やがて日本に大事件が起き、人々は非常な災難に遭い生命財産を失くす。その時イワン講に入っていれば生命の安全は勿論、財産も失くす事なく済む」との言葉に村人は迷わされ、その講に入り多くの金品を提供した。この時仲子は非常に憤慨し、邪教の撲滅に全力を挙げた。これは実に勇気と信念を要する事であり、中には邪教と知りつつも何ら反撃する事なしに、ただ自分の身の安全のみ求め、これに触れる事を避けた人もあったが、仲子は邪教と知った限りこれを追い出すため、自分に襲いかかる苦難迫害を恐れず勇敢にたたかったのであった。

仲子は、天龍寺の管長峩山禅師の禅堂に、女子として初めて参禅を許された人物でもある。

仲子への禅師の信頼は非常に厚く、雲水達に、

「井上は、吾々の道で言えば知識である。女と思って侮ってはならないぞ」と諭していた。

また仲子は、慈善会や博愛会といった弱者を救済する会に率先して入会し、物質的あるいは精

神的に惜しみなく援助したのであり、日本赤十字社が全国にその会員を募集した時も一番に入会した。ところがその頃の会員はほとんど男性だったため、女性の会員章が無く暫く男性の徽章《きしょう》を付けていた。女性の会員章を付ける様になったのはそれから後の事であった。

逸話の一つひとつに、実直で正義感に溢れる仲子の人柄がよく表れている。

3. 迫害と偏見に屈せず

仲子の姪の足立とめ氏は、苦難を乗り越える仲子の姿をこう振り返る。

「療治が但馬一国に名高くなり方々から療治に招かれ、遂には遠方の国々からもぜひと頼まれてお出かけになる様になった時、口さがない村の人々は百姓が嫌さにあんな事をしなさると言って噂した。

さらに伯母様が前人未到の療法である事を悟り、この研究完成のために没頭し一人でも多くの病人を癒やしたいという考えから、ご主人の賛成を得て大阪や神戸に出かけられた時などは、身勝手をしたいためにとうとう国を出て都会へ行かれたとか、女だてらに家を空けて外に出るなんてと、実に四方から嘲罵《ちょうば》反対の声を浴びせかけられた。

しかし伯母様は固く信ずるところがあり、また抑える事のできない強い大きな念願があったためにこれらの非難や嘲罵に耐えて暫く家庭を離れ、いとし子を国に残し大阪へ出かけられたのである。

今日でこそ伯母様は郷里で非常に尊敬されているが、その頃はほとんど異端者扱いだった。当時の伯母様の無念さは思い知られるが、正しければ人は何と言おうとご覧くださる方がちゃんと見ていなさると言って、黙々と一途にこの療治のために励まれたのである」

仲子の親類の千葉益子氏は、仲子への畏敬の念を表している。

「その頃の私どもの田舎では、女が都へ出て仕事をするという事だけでも村中の驚異でありました。それなのに一つの業を創案され成功されたのでありますから、近郷近在、感嘆せぬものはありませんでした。そういう方を親類にもつ私どもは、どんなに誇らかに肩身が広かったか分かりません。大変失礼な申し上げ様ですが〝職業婦人の先駆者〟であり、但馬が産んだただ一人の女丈夫でありました」

仲子が京都に出た時の話である。

京都は医科大学の所在地である事から医師との交流も多くなり、筋骨矯正術は医学界の問題ともなったという。町医者に通い、年中薬餌《やくじ》に親しんでいた慢性病の人々が療治を受けて治るので、この事を聞き多くの人が仲子のもとへ療治に来る様になった。ところが医者の中にはそれが癪《しゃく》に障り迷信呼ばわりしてこれを中傷し、かなり卑劣な手段をとって迫害を加える様な人も出てきた。その頃、川端警察署へ日に二、三通の投書が来たが、警察の方では大学の教授達から療治の事を聞いて知っていたので、仲子に疑いの目を向ける様な事にはならなかった。

しかし中傷があまり激しいので、ある日署長は療治に通っていた控訴院長の所へ感想を聞きに行った。院長は、仲子の質素な生活と正義の念と立派な人格者である事を語り、療治の効果の卓越なる事を話したので、署長は一層中傷や迫害から仲子を保護せねばならないと思ったという。

患者さんの一人である小沼奈美氏（教育家）は、私家版の中で語る。

「先生の意志の強さは五十年の久しきにわたって筋骨矯正術を継続研究し、その間迫害や中傷とたたかい困苦欠乏に耐えてこられた事によってこれを知る事ができる。殊に郷国を出られる時は親族や兄弟達が皆反対したにも関わらず、自らの使命のために罵詈讒謗《ばりざんぼう》を忍んで目標に向かって邁進されたのである。いつかその時の事を私に話してくださった。

『敵こそ真の味方なれという言葉を思い起こしまして、今の自分の敵になっている人々こそ真の味方である。どうしてでもこれに耐えていかねばならない。それができてこそ、この療治が完成するのであると考え、辛抱致しました。しかし国を離れるのは自分勝手に振る舞いたいからだとか、女でありながら何という極道者だろうなどと、女の身としては堪えきれぬ言葉を浴びせかけられました』

逆境の時にも変わらない先生の心の余裕と聡明さ、意志の強さには実に感嘆するのである」

仲子はどんな迫害や偏見にも屈せず、威風堂々、自らの信じる道を真っ直ぐに歩み続けたのである。

4. 仲子の思想

「桂太郎侯爵来りて療治を乞われしも、紹介者なきためこれを謝絶す」

「某宮家より来療者をもって往診を乞われしも、主義のためこれを奉辞す」

といった様な記載が、私家版の年譜中随所に見られる。権門や富豪がその門地や勢力を頼んで招こうとしても、これに仲子は断じて応じようとはしなかった。

患者さんの一人、菅野忠五郎氏は私家版の中で語る。

「患者の中には大金持ちもある。華族もある。高官もある。けれども取り扱いは一切平等で、特に便宜を与えたり丁寧に扱ったりする様な事は断じて許されない。金持ちが自動車で迎えても断るが、動けない大病人なれば貧乏人でもすぐ出かけて療治をしておられた」

同じく患者である柏村かね氏は語る。

「刀自は常々、国のために尽くしたい。自分の一生は弱い人々のために捧げて健全な体の人をこしらえるのだと、口癖の様に申しておられた」

内務大臣などを歴任した鈴木喜三郎氏は、私家版の中で語る。

「女史は、療治を受けたくても貧困のゆえ療治を受けられない人々のために、無料で療治をする日を設けた。全く博愛の心、誠の心によるのである。当時は、貧困者を三つに分けて人数を定めていた。第一、療治は無料、他に電車賃や食費をも給与してやる者。第二、療治は無料、他に電車賃を給与してやる者。第三、療治のみ無料の者。

無料の施療日には赤旗を立てられたが、その時にこういう話がある。身なりの粗末な人が集まっている控室で、旦那もこの日にお出でになるのですかという挨拶が聞こえた。見れば身なりこそ粗末であるが、人品のある男が当惑そうな顔をしていた。後でその人が、百万長者であるという事が女史に知れた。次の赤旗日、女史はその百万長者に不心得を諭し、あなたの様な人の療治は今日限りご免被ると面前できっぱり断られた。

女史は情の細やかな人であると共に、義に対して勇敢な方であった。富豪権門に対して少しも媚びるところなく、万人平等常に正々堂々とした態度で進まれた。のみならず、地位や権勢を利用したり金力によって女史を動かそうとする様な者には、断固としてこれを排撃されたのである。

富豪某氏が矯正術の霊妙な力を聞き、行き帰りは自動車をもってし、お礼には数百金を呈しようと再三使者をもって療治を申し出られたが、女史はこれを断られ自分の主義を曲げられなかった。『自分は一人のために多くの時間を割き、療治にみえる人々に迷惑をかける事はできない。殊に金をもってその補いをしようとの考えには賛成できない。もし希望されるならば皆と同じく来て療治を受けるがよろしい』と言うのであった。

女史は、正義と愛のためには全てを投げ捨てる事を辞さない方であり、また金力や権力の前にも微動だにしない実に稀なる高潔の女性であった。この母にしてこの子ありと言うべき健一氏も、高潔なる方であるから女史も安心して逝かれた事と思う」

鈴木喜三郎氏は政治家として、時の権力の中心に居た人物である。

後にその権力をもって治安維持法の強化を図り、日本共産党や労働農民党などの弾圧を指揮したとして歴史に名を残す同氏をして、「万人平等、常に正々堂々とした態度」で、「金力や権力の前にも微動だにしない」と言わしめたのであるから、いかなる政治的、社会的立場にある相手に対しても阿《おもね》なかった仲子の実像に間違いは無いであろう。

なお、仲子の没年一九二九年（昭和四年）に治安維持法は制定されたが、治安維持法による弾圧で多くの国民が筆舌に尽くし難い犠牲と被害を被ったのであり、この法の先に戦争が待ち構えていた事を、敢えて付記しておきたい。

健一は、私家版の中で次の様に述べている。

「母の生涯は、徹底そのものだった。善と信じ義と考えた時には、利害得失を考えざるは勿論、世の毀誉褒貶《きよほうへん》をも顧みず突進した。自分の主義に対して実に忠実でありまた勇敢であった。しかしこのために生涯を通していかに多く誤解され、またいかに欠乏と困難とに悩まされたか分からない。

私は、母の精神を生かすと共に、この療治をもって国と人のために奉仕しなければならない。母はその八十年の生涯をもって何をなすべきか、いかに生くべきかを私に教え示してくれた」

弱い人々のために一生を捧げた仲子の思想を、曾孫である私もしっかりと受け継いでいきたい。

5．不思議な夢

仲子は三十三歳の時重病に罹り、二〜三時間仮死の状態に陥った事があった。その時に見た不思議な夢が自身に色々な自覚を与えたといい、その時の様子を仲子は次の様に記している。

「いつの間にかおぼろ月夜の道を歩いていた。大層気持ちの良い道で、辻々には地蔵が立っていて行く手を教えてくれた。教えられるままに歩いて行くと、やがて大きな建物の中に入った。そこには三間あり奥の方が煌々と輝いていて、中に何があるか見る事ができなかった。暫くするとその中から澄みきった細い声で、私に三帰戒《さんきかい》を授けてくださった。

ふと隣を見るとそこに父が居たので、私は大喜びで早速連れだって縁端に出た。父は、『仲か、仲か』と言って非常に喜び、『言いたい事もあろうが』と聞き馴れた声で慰めてくれた。

そこで私もつい泣いてしまった。そのうちに父が居なくなったので、他の部屋を探し廻ったがなかなか見つからない。畳の廊下の所へ出ると、向こうから観音様が近づいてみえた。『お前はここへ来るのではない、元の所へ帰れ』『父を探しているのだから帰らない』『元の所へ帰れ』再び観音様に言われたが、なおも父を尋ねて方々探し廻っていると、今度は蓮台に乗られたお釈迦様がおみえになった。『お前はまだここへ来てはいけない、ぜひ帰れ』

そこで仕方なく今度は外へ出て父を探した。外は相変わらず美しいおぼろ月夜だった。ふと向こうを見ると白壁の家が見えたので、もしやそこに居ないかと思い行ってみると無数の仏像があった。その辺を探しているうちに、自分を呼ぶ声が聞こえ意識を取り戻した」

この話を聞いた神戸の祥福寺の五葉愚渓師（後、妙心寺管長）は、

「それは不思議な夢だ。極楽の二九院の中の〝兜率《とそつ》の内院《ないいん》〟と言って、阿難尊者の説教場がある。そこで三帰戒を授けられたのだ。そこは普通俗人の行ける所ではない。誠に結構な夢である。こういう夢を見るからには、この療治を考え出せるくらいは普通の事である」と語った。

この時の五葉愚渓師の話を天龍寺の雲水達が聞いており、仲子が峩山禅師の所へ療治に行った時、雲水達がその夢について禅師に話すと、

「それは結構じゃ。しかしお婆、〝兜率の内院〟は向こうにあるのではない。お婆の常の行にあるのだ。お婆が作ってお婆が見たのだ」

仲子はこの禅師の言葉を聞き、一層平素の行の大事な事を痛切に感じたという。

仲子が見たもう一つの夢について、紅龍山布施弁天東海寺（千葉県柏市）の秀淳法主は次の様に語ったそうである。

「大正四年四月初旬、仲子刀自は細川潤次郎博士（枢密顧問官）の治病にあたっていたが、その

頃の話である。刀自が四十年程前、鬱蒼《うっそう》とした丘の如く島の様な境内に幾十階の石段、楼門《ろうもん》があり、本殿は古風な萱葺《かやぶき》の三方破風造り総朱塗りでいかにも神々しく、客殿、宝蔵、鐘楼《しょうろう》等が建ち並んだ立派な弁財天に参詣する夢を見、嬉しさのあまり感涙された事があったそうだ。

刀自はこれを非常に奇異に思われ、かつ日頃尊崇《そんすう》を厚く朝暮必ず勤行を怠らず奉る鬼子母神と弁財天、見た夢はまさしく霊夢であろう。

しかし、この様な霊刹《れいさつ》はどこにあるのだろうか。あるいは、龍宮を夢見たものだろうかと怪しみつつ年を経ていた。刀自は施療中、細川博士にお尋ねになった。

『先生、四十年前この様な夢を見ましたが、不思議に前後も判然として今なおその様子が思い浮かべられます。この辺のどこかに、私の見た夢の様な構えの弁財天がありましょうか』『井上さん、布施の弁天様をご存じですか』『一向に存じません』『布施の弁天様はあなたの夢そのままの構えです。一度参詣に行ってご覧なさい』『先生、この牛込からどこに当たり、どれほど隔たっておりますか』『上野駅から水戸方面行きの汽車で我孫子駅までおよそ一時間乗って、同駅で降り、車で行けば四十分、歩いても一時間余りです』

大正四年七月七日未明より刀自は出発し、細川博士の言葉に従い紅龍山の門前に着いた。

まず石の階段と楼門に見入り、次いで本殿に至り数種の供物、ご祈祷の料を懇《ねんご》ろに捧げられ御内陣に単座して暫くは感涙滂沱《かんるいぼうだ》、あまりの不思議に刀自はこの世の事とも思い得ぬまでに悦ばれ厚く冥福を祈られた。

　その後、客殿にて時候のご挨拶とともに前述の逸話を承り、誠にその奇異なるを感じ、まさしく尊天の冥合《めいごう》ならんとお応えし、当山は弘法大師の開基にして御本尊弁財天も大師の御作にて、殿堂伽藍《でんどうがらん》は嵯峨天皇の御建立である事を語った後、『大同二年七月七日に三但州中、但馬国朝来郡筒江の郷にお祀りされていた尊天が、紅龍の背に乗じて当所へご出現』とまで申すと刀自は右手を挙げて、『少し待って下さい。どこからと仰せられます』『但馬国朝来郡筒江の郷でありますと申すと刀自はあまりの奇縁に驚き、『私は筒江の郷の者でございます。私の家は筒江の厳島神社の代々氏子であります。私が井上へ嫁した頃祖父より、当所の産土神《うぶすな》は弁天様を御神体としで永らくお祀りしてあったが、昔御神体が関東の下総へお移りになったそうで、そのご跡を鎮守の厳島神社とし当家は代々お守り申し上げているのであると時折耳にしました。その時は夢幻の様に思い、ただ下総とのみ聞き覚えましたがご当山でありましたか』と感嘆された。

　以後在京中は幾久しく必ず帰依《きえ》し奉り、毎年少なくとも一度は参詣させていただきますと申された、非常にお悦びの面持ちでその日は下山された。

　その後刀自は記念のためにと細川博士に揮毫を乞われ、厳重に表装のうえ紅龍殿に奉額され、以来ご存世中は日夜当山をお忘れなく、しかも昭和五年四月、六十一年目の大開扉養のみぎりには開白当初第一座の護摩にご令息を遣わされ、開扉後幾何《いくばく》もなくしてご永眠になったのである」

6. 道ひと筋に（患者さん、家族、弟子達の見た仲子）

弟子　長谷波　静哉

明治二五、六年の頃、私の父は胃弱にて常に腹痛を患っていた。そのため根治させようと、湯治にまたは医療にと努めたが効果は見られなかった。たまたま分家の老人より、師の療治が効能顕著である事を聞いたので早速その療治を乞うた。その結果、父の腹痛は日増しに減退、食欲は増進し大いにその効能を発揮した。

父は大変喜びこの療治を讃え、自分をその弟子となる様に勧めた。幸い師は、弟子を得ようと心掛けている時でもあり好都合だった。入門したのは明治二七年の春で二十歳の時であった。師の手を見ると普通掌の中央で絶えている立て筋（俗に天下筋と言う）が、左右両手共に中指の根元まで真っ直ぐに通っていた。師の二十二、三歳の頃にこれを見た一行商人は、中年後大いに名をなすであろうと予言したという。

明治二八年の夏、師は漂然として大阪市靫《うつぼ》の親戚を頼りに上阪され、私も同行した。時あたかも日清戦役直後で、出征の東北師団兵士の凱旋があった。当時種々悪疫が流行し、殊にコレラ病の発生があったため国元より帰国を迫られ、江戸堀北通り三丁目の施療所を閉じ、ひとまず単身帰宅された。帰国後も盛んに療治に従事され、ある時は豊岡へまたある時は城崎郡西ノ気へ、宿南村へ梁瀬町へという様に招かれる所に出かけられて約一年を過ごした。

明治三〇年、師は大阪より神戸へ引っ越し、五業組合（按摩、按腹、針、灸、吸玉の五つ）に加入し、その筋の許可を得て開業した。神戸中山手通七丁目に居住して間もない時の事だったが、両眼薄明の者等五、六人連れ立って来て師に療治を乞うた。その人々の腕の発達の具合や指先の太い事等から五業組合員である事がすぐに察せられたが、師は素知らぬ顔で診断療治された。

明治三三年の冬、師は神戸の居を払い京都に転居した。京都に移った当時、竹田町の柏村彌三郎氏の所に止宿し、ひとまず西洞院通《にしのとういんどおり》長者町に一戸を借り受ける事となった。その後も都合の良い借家を探していたところ、西陣織物の画師竹雪氏の紹介によって寺町一条通下ルに居を移す事になり、その後妙心寺へ移り療治にあたられた。

師は京都に十数年間滞在して療治に専心した。その後上京し、大いに筋骨矯正術の声価を天下に広め、力を発揮されたのであった。

私が師に従っていたのは、二十歳の春から二十五歳の春までの五年間である。その間に脚気で暫く郷里に帰っていた他、大阪に約半年、神戸に三年、京都に半年の約四年間はほとんど師と小生の二人暮らしであった。二十九歳の時、父と死別し家督を相続した。そして翌三十歳の時、村会議員に挙村一致をもって挙げられ、以来六、七回の改選にも競争する事なく重選され今日に至っている。

上垣　利男

六十有余の老体をもって朝早くから夜遅くまで、一意専心患者の療治をしておられた事は、とても若き者も及ばぬ元気で、その努力に至っては足元にも寄れない。療治上の事に至っては非常な信念を持っておられ、日に一人二人の患者さんは腹の持ち方が悪いと言って、後に沢山の患者さんが待っておられるのもお構いなしに療治の手を止め、二十分も三十分も腹の事について説教を始められるのである。

もしもその方が言う通りに実行しないと、さあ大変。あなたには療治の必要はありませんからお帰りなさいと言って、その日は絶対に療治をされなかった。そして翌日みえるとまた説教で、その後療治をして今日は非常に腹のできが良いと言って褒め、時々こうして叱ってあげなくてはいけませんと、よく申しておられた。こんな時は側で見ていてはらはらした。

一昨年の暮れも押し迫った十二月、師の昔懐かしき京都の地に開業を許され、今日まで約一年間師の歩んで行かれた跡を辿り、いかに創業に艱難辛苦《かんなんしんく》なされたかの万分の一を体験するに及び、今更ながら師の奮闘努力の偉大さに驚く他ない。

老師は山間の一寒村より生まれ出で、教わる師も無く、そのうえ人体の生理解剖等も知り得ずして、色々の工夫と考案の末に永遠不朽の矯正術を創案された。

以来ここに五十有余年、東奔西走至る所で辛酸をなめさせられ、ある時は医者の攻撃を受け、またある時は博士達と論争し、時に罵声を浴びせられた事もあったと聞く。

天龍寺管長　関　精拙

私は明治三三年頃、天龍寺の峩山和尚の所で修行していた。その頃先生は花園村におられ、次に京都の熊野神社裏に移転された様に覚えているが、天龍寺には始終お越しになられた。

峩山和尚も東京から帰山されると、すぐに先生をお招きし療治してもらっていた。その頃の七、八〇名の雲水は先生を非常に徳とし、先生も雲水を非常に可愛がりその都度饗応《きょうおう》をされた。特に私は同郷であったため格別入魂《じっこん》にして頂いたが、先生の厳格な性質と宗教的同情の篤い事だけはおぼろげながら今なお覚えている。

それから峩山和尚遷化の後、和尚の寝衣のツギハギが二重三重になって雑巾の様なのが先生の目に止まり、記念にと所望され、それが立派な桐の箱に入れられ、北垣國道氏の筐書《きょうしょ》ができて先生の子孫を戒める宝物となったのであるが、峩山和尚の十七回忌の法要の節、先生は再び天龍寺にその寝衣を納められ後来の雲水を戒むべく持参された。

こういうところにも、細心な注意や厳格な性質が顕われていると思う。先生は一生を通じて菩薩の権化とでも申すべき、貴い心の持主であった事をここに書き加えておく。

平安堂主　岡田　久次郎

先生が東京で最初に落ち着かれた所は、富士見町一丁目の三十三番地であった。母の言いつけでお手伝いに参ったが、早速先生から体の歪んでいる事を指摘された。私は先生の言葉を容易に受け入れなかったが、裸体になって物差で計ったところ約三寸も曲がっている事を見せられて降参したのであった。

私も療治で体の歪みを治して頂いたが、その時の気持ちの良かった事と、先生の上手であった事は明瞭に記憶している。

その頃先生はまだ東京に知人もないうえ療治の広告を一切されず、看板さえお出しにならないので来る人はわずかだった。たまたま大勢の時は、京都から雲水達がみえているので収入には関係なかった。

先生の日常は、全く禅宗僧侶の生活と同じで粗衣粗食だった。大抵の時は野菜で魚等は月に幾回という程だった。承れば天龍寺管長の峩山禅師の禅堂に、女性で参堂する事を許された第一人者であったそうである。

先生は、自分の主張に忠実でよくこれを実行された。どんな苦しい経済状態の時でも広告や看板を出されず、紹介が無ければ診察も療治もされなかった。また貧困者でも熱心に療治を乞う者には施療し、これと反対に富豪名士といえども自分勝手のために往診を頼まれる時は決してこれに応じられなかった。

患者に対してもなかなか厳しく、控室で待っている時でもその姿勢に注意され曲がった姿勢をしている事は許されなかった。もし横座りでもして新聞を見ている様なら、「○○さんその姿勢は何ですか、あなたは毎日ここへ何をしに来られますか」と注意されるのだ。

ですから皆、平素の姿勢にも注意する様になり、療治の効果も一層著しくなるのだった。私もそのお蔭で自分の姿勢に注意し、家の者の姿勢にもやかましく注意するのである。

岸　英雄

私が刀自にお目にかかったのは大正十三年の秋で、既に老境に達せられた時である。

晩年の刀自の生活で特に感じるのは、既に体が衰え足取りが危うくなっていたにも関わらず、なお療治に対する興味と関心を持たれていた事だ。危うき足取りで療治に出て来られ日に幾人か療治する事を、お家の方や患者衆が色々心遣いをして止めたりご心配申し上げたりしたが、本人はこれが何よりの楽しみで、そのためにまた明日の日をお待ちになるのだった。

五十年の長き年月、この療治に心身一切の力を消耗し尽くされたご老体の刀自から、若き私が療治を受ける事はどんなに憚り多い事であったか。

刀自はその人生の初めより終わりまで、人類への奉仕という一念によって直線的に生きてこられた。いかなる逆境にあっても、またいかなる苦難あるいは有利なる機会に遭遇しても、決してこの主義を捨てなかったのである。

刀自の晩年は、その半生の波瀾苦闘の多かったのに比べ、誠に平和で満ち足りたものであったと思う。刀自には普通の老人の希望する楽隠居という様な考えは微塵も無く、また生活は全く質素そのものであり、その質素な生活を常に「有り難い」「勿体ない」と言って感謝されていた。

なお常に感じるのは、あれだけの立派な働きをなされた方であるにもかかわらず、少しも自慢話をされたり高ぶったりするところがなかった事だ。起死回生の喜びと痼疾快癒の感謝の言葉として、刀自を「再生の恩人」と言い「神人」と崇めて感謝し礼讃する人はどれだけあるか分からない。恐らく刀自の耳にもこの様な言葉は幾度も入っている事と思う。

しかし常に、「わしが病気を治したのではない。体の歪みを治してあげたら病気は自然に治ったのじゃ」と言っていた。

高貴なる事業と行為が、ほとんど例外なしに困苦と欠乏、嘲笑と迫害の中に鍛えられ成長するものである事を思う時、ますます真の事業と行為は信仰の賜物であると確信する。

昭和四年十月十四日、刀自はこの地上の生活を終えられたのである。その臨終は誠に平安そのものであり、家族の方々に護られながら眠るが如く静かに逝かれた。

「ゆっくり眠るよ」これが最後の言葉であったと承っている。

何と意味の深い、また刀自に相応しい言葉か。この世においでになる間は人の病を癒すために、睡眠の時間さえゆっくり取る事ができなかったのである。朝は四時頃に起床され、まずお勤めをなし、間もなく早くみえられる患者の療治に従事し、夜は十時、十一時までも事情があって昼間来る事のできない人のために療治をされた。暑さ寒さをいとわれないのは勿論、ご自分の体の悪い時も病後にも押して人の病気のために療治に従事された。

こうする事、実に五十年。誠にゆっくり眠る時はこの世を去られる時であった。この短い最後の言葉を味わう時、私はそこに刀自の安心と喜びの充ち溢れている事を感じるのである。

井上　昌枝

私が井上家へ嫁して参りましたのは、今から二十年前の事でございます。その頃母は、まだ六十を超えて間もない頃であったのでなかなか元気でした。母に対する私の最初の印象は、何と申しましても侵し難い威厳でありました。そしてそれが私に畏敬の念を起こさせました。

朝は四時頃に起き、夜は十時、十一時頃にお休みになるのです。そして起きている間は時々休まれる事もありましたが、大抵は療治をされているのです。しかもそれが毎日の事でありますから、並々の事ではありません（日曜を休療日とされる様になったのは、正が学校へ行きだしてからの事です）。そして疲れたなどといった言葉や態度は、微塵も見聞きする事がないのですからますます驚きました。

この療治に対する熱心と興味とは、晩年に至るも少しも変わりませんでした。七十五、六歳からは療治に出られる事はずっと少なくなり、また床に就かれる様になってからはほとんど無くなりましたが、それでも一日に一人や二人療治する事を希望されていました。そして療治をされるとそれは愉快そうでした。

母の日常は誠にその療治の「真直」という事と、「元」という事を何事にも心掛けておられたと思います。家の者へ教えられるにも、「人間は体も行いも心持ちも、直という事さえ守っていれば決して困る事はない」「元を忘れたら人は立たぬ。その辺の草木でも、根元に水や肥料が絶えたら衰えてくる。建物でも元の土台が狂うと立ってはいまいが。よう心得ねばならぬ」そういう言葉をよく聞かされました。そして人の元は親先祖だと申されて、仏事供養には力いっぱいの事をなさっていました。

なお、母は誠に心掛けの良い人でありました。衣食の事など決して余分な事、贅沢な事などはなさいませんでした。お菜など一品か二品、よく煮た野菜かお魚があったらそれ以上どんなにあってもあがった事はありません。

「お腹のすかぬのに食べるのは勿体ない」と言って、他の者が窮屈なくらい度を守っておられました。水などお使いになるのでも、一杯のものなら必ず八分目にして使う様にし紙一枚、糸一筋にも無駄のない事は、日々見ておりましてもなかなか真似られない事でありました。

木の切れ一つでも炭の片でも、足元等に落ちて踏まれてあると、「役に立つものは立ててやれ。菜の葉一枚、米一粒、何でも大切にしておけ」と、皆そうした心で扱われていました。こんな便利な所に居てお母様はと、よく心の中で思った事もありましたが、あの大正十二年の大震災の時母の常々の教えなり行いなりが、どんなに有り難いかという事をしみじみ感じさせられたのでございました。

この他に私が深く感じていますのは、父に仕えられる態度でした。一つの事業に熱中していつも離れて暮らしておられたのですが、父の上京された時、また病気などの時の心遣いの細やかな事、何か家に事の起きた時など、どんな些細な事でも必ず一度は父に相談され、父の承諾が無ければ決して実行されませんでした。事業に対しては男も及ばぬ雄々しさがありましたが、家庭の事については父の在世中、決して妻という度を越された行いはありませんでした。

井上　健一

明治三四年、私が十歳の時母に連れられ京都へ行った。その時生野の銀山で初めて汽車を見たが、発車した時家や山が動き出したと思い驚いて母に告げた事を今もなお記憶している。

汽車の中で母は言った。

「健一よ、京都へ行けば男としてやっていかねばならない。田舎者と言われても男らしくしっかりやれ。へこたれては駄目だよ」

京都へ着くとすぐ堺町の家に落ち着いた。橋本さんや折田さんのお宅へ挨拶に連れて行ってもらったが、丁寧に待遇されたのでこの時初めて母は偉いのだなあと思った。


それから間もなく私は近所の小学校に入学し、母は療治に従事して日を過ごしていた。ところがある日、井上毅氏夫人の往診に行っての帰途車から落ち怪我をした。母はお引き受け致した以上はと言い、引き続き無理に療治に出かけたためそれが原因となって遂に発病し床に就く様になった。

日数を重ねても母の病気は容易に癒えず衰弱するばかりなので、子供心にも大層心配し熊野神社へ日参してその全快を祈った。幸い私は走るのが速かったので、朝起きると暫くの間に行って帰ってこられた。

ある暴風雨のあった後の朝いつもの様に早くお参りすると、二人の老夫婦が境内に落ちている枯枝を拾い集めていた。そこで私が手伝うとその老人はお礼にと言って菓子を持たせてくれたので、それを貰って帰り、母に渡したところとても喜んでくれた。

母の病気が全快した時、二人で熊野神社へお礼参りに行った。その時神主さんご夫婦が母に先日の礼を言われたが、下御霊の出雲路さんから、「この頃井上さんが病気だから、おそらく井上の坊でしょう」と聞いておられ、貴女のお子さんでしたかと日参する模様まで詳しく母に話された。先日の菓子の出所と貰ってきた理由が母にはっきりと分かったので、母は一層喜んでくれた。

母が病気の頃、日曜の朝一里ばかり離れている稲荷神社の側の川へ鮒を取りに行き、十五、六匹取ってきては料理し母の大好物であった鮒の酢味噌を勧めた。

またある日、東福寺で鶯を三羽取り籠に入れて大喜びで帰ってきた。

すると母はそれを見て、

「健一取れたか。それは良かったが、今頃巣では大騒ぎしているだろうね。お母さんとお前と二人でこうして暮らしているが、もしお母さんがどこかへ行ってしまったらお前はどうだろう」と言われた。

その時私はハッと気がついたので、早速籠の蓋を開けて鶯を放すと喜んでどこかへ飛んで行った。鶯を見送った私は、三匹とも無事に巣へ帰れたか気になりはじめた。そこで葉書を東福寺へ出して、鶯の事を尋ねた事があった。後で聞けば東福寺では、私があれほど喜んで持って帰った鶯をどうしてすぐ放してしまったのであろうかと不思議がっていたそうだ。

一時全快した母の病気は再発してますます悪くなり、医者は病名不明となし食欲は減退し、ついには米一粒も食べられなくなった。ただ梨一個の汁が三日間の唯一の食料で、それによって生命を繋いでいたという有様で非常に衰弱した。

この時、北村耕宗和尚（義子）は枕辺にあって日夜実に手厚く看病し、辻村医師もまた心からの手当てをしてその回復を祈ってくれた。

母の病気はその後も相変わらず重態を続けたが、ある日母は家から三町ほどの所にある仁王門の妙見様へ、途中死んでもよいから連れて参れと言った。そこで車にてごくごく静かに日参をしたところ、初め帰って来た時筍を食べたいとの事で食べさせた。すると、それから不思議に食欲がつき始め快方に向かったのだった。

後に静養のため、建仁寺山内正伝院の部屋三間を借りて暫く体を養った。ところがその年の七月、大毎に「東洋のヲステヲバセ」（P.１４３〜）と題して母の記事が載せられたため、諸所より訪問客や病気の方が見えられ一時また病気が悪くなって非常に困った。しかし間もなく健康が快復してきたので、母の希望により負傷兵四人と仏光寺のご老尼様を療治した。

その頃は経済的に非常に窮迫していたので、買物に行く時はいつも数軒の店へ行って値段と品物を調べ、最も値の安いしかも品の良い所で買う事にしていた。この時、寺町の八百屋の主人がよくこの事情を察してくれて、梨を買いに行った時などいつも安くしてくれた。今でも京都へ行った時にお訪ねするのは、その時の感謝に他ならぬのである。

この年、私が高等小学校二年級を終えたので中学校の入学試験を受けパスしたが、母の病気と家事の都合によってこれを取り止めた。この時母は非常に心を痛めた様だ。しかし、その後学校に出られる様になった時中学の補欠入学試験を受け、元の組よりも上の組に編入されたので母は大層喜んでくれた。

富小路に移った頃から私は炊事をし、家の内外の掃除をした。家が広かったので全部終わるのは学校の始まる頃で、よく学校の始めの鐘を聞いて駆けつけた。私は用事のためよく欠席や早退をするので、毎年学年末には褒美を貰う事ができなかった。

堺町に住んでいた頃、八甲田山の雪中行事で兵士が大勢倒れた事があった。その時義援金の募集があり、先生から、

「将校は割合に沢山お金をもらえるが、下の兵士達はごくわずかしか貰えません」という話を聞いていたので、

「私のお金は下の兵士達にあげて下さい」という手紙と共にお金を送った。そして、この事を母に話したら、

「お前もわしの子じゃ」と言って大層喜んでくれた。

深草の了峯寺は母との関係の至って深い寺であり、北村耕宗氏（義子）が和尚となるについて

母はその復興に力を尽くし、一通りのお道具を揃え寺としての体面を保つに至った。母はその改築後、監督のため了峯寺に住む事になった。

そこで患者衆はこの寺に見えられたが、なにぶん深草の里は不便であり、かつ宿屋の設備も不完全であったため初め患者衆は困られた様だが、暫くの間に宿屋の設備は整い、八百屋、魚屋、鳥屋、果物屋等の商店は他国より来られる患者衆の買物のために繁昌するという有様で、村長は大いに喜び一般商家でも非常に母を徳としてくれた。

ところがある一部の人は、収入が多いだろうからウンと税金を取る様にと、過大な見積もりを立てたとか。村長はこれを聞き、

「井上さんの様な方は、ぜひ長くこの村に滞在してもらわねばならないのだから、税金を少なくして大事にせねばならない」と大いに力を尽くしてくれた。

十六歳の頃から私はこの療治をもって世に立ちたいと思い、母の療治する側に座ってみていた。ある日私は自分の考えを母に話したところ、別段何とも言わずただ黙って側に座るがままに任せていた。母が療治に真剣な事と信念の強い事に感じ、さらに苦労は多いがその効果の顕著な事を知って自分もぜひ弟子となってこの道のために尽くし、また母の手助けをしたいとの考えがますます強くなっていった。

そこで私は断然、第三高等学校を退学してしまった。母は別段何も申さなかったが、校長および職員の方々は惜しんで下さり、色々特別な取り扱いをするからぜひとも学校に籍を置いておく様に言って下さった。親類の者も退学する事には大いに反対したが、この道を極めるには到底学業の余暇や学校卒業後という様な、不徹底な事では体得しえずと考え、これらの奨めを辞退した。

その後も相変わらず母の療治をする側に座ってみていたが、正式の弟子となりたいので再三母に師弟の関係に入れて欲しいと頼んだが、その都度何とも返事が無いのでそのままにして日を過ごしていた。ところが十七歳の秋、

「お前の気持ちは分かったから、今日から弟子にしよう」と言われた。

そこで私は、早速規則通り弟子入りの誓約書を書いて正式の弟子となった。これからは私の研究・修養の時代で、弟子としての道を守る事に努めた。時に母は六十歳、療治に対する信念と人生の経験においては申し分の無い時で、母としても弟子を養成する最好期であったと思う。

「今後は親子ではない。師弟であるからその心算《しんざん》で仕えねばならない」と母の教育は決して生易しいものではなかった。

その頃の日課は朝三時起床、まず屋内の掃除、次いで食事の用意、それが済むと屋外の掃除という順序であった。五時にはもう一番の患者がみえられるので、それまでには控室に火を入れておかねばならない。幸い私は体が達者であるためこの日課は別段苦痛と思わなかったが、それで

も冬などはかなりの努力だった。

先腹《さきはら》をする事を許される様になってからは、一層母の言葉は鋭くまた厳しくなり注意も多くなった。私もまた母の一挙一動を見逃さず、一言一句聞き漏らさない様に努めた。療治についての注意を受けるのは、大抵夜の寝る前で十一時か十二時頃だった。勿論患者の前でも先腹の仕具合の悪い時は厳しく叱られた。

療治にみえる人々は、親子であるとすれば継子であるに違いないと思っていた方が多かった様だ。しかし本当の親子であり一人前にしてやろうという考えがあったからこそ、ここまで人前も憚らず叱ってくれたのであると思う。もし他人であり継子であれば、決してあの様な厳しい叱り方と細かい注意とは到底できなかったと思う。

「いくら急いだと言っても今日の粗相はどうした。腹ができていない証拠だ。もっと自分の腹をこしらえねばならない」こういった注意を受けるのだった。


上京したのはその翌年、明治四二年で母六十一歳の春だった。普通ならもう楽隠居をし始める年齢だが、母はなかなか元気で大きな理想を持って上京した。上京当時は母の全盛時代、療治についてては円熟の境地に達した時であった。

知人や縁故者も少なく、それに母の主義としてはこちらから上京通知を出して京都時代に療治に見えた人々を来る様にするとか、あるいは広告を出して療治を宣伝するという様な事は最も嫌ったので、最初は療治にみえる人が少なく経済面では随分苦しんだ。

しかし母はその様な事を一向気にかけず、経済を私に任せてただ一意専心療治に励んだ。困られている方には京都時代と同じく施療をするし、富豪貴顕の方といえども心掛けの悪い人や態度の良くない人は、遠慮なく断るので一層経済が苦しくなるのだった。

母は時々病気をしたが、生活はまず平穏無事。前半生は苦しみとたたかいが多かったのに比べ、晩年は静かな恵まれた生活であったと思う。そして東上後の十年は、療治に没頭し、大いにその力を発揮し得た愉快な時でもあったと思う。療治にみえられた方も実に多方面の方々であり、母としては永年の宿望が達したという訳である。

しかし寄る年波は如何ともする事ができず、古稀の祝いを後にしてからはしだいに老衰の影を現しはじめた。殊に大正七年の夏、大腸カタルに罹り衰弱甚だしく、全快後も静養に努め直接療治に従事する事が前よりも少なくなった。

大正十三年には肺炎に罹り、また一層衰弱を加えた。八月、郷里への墓参の時等歩行困難のためプラットホームはおぶって行かねばならなくなった。なお前年の大震災に鑑み、軸物、什器等の大切な物は郷里へ蔵する事にして送った。

大正十四年、母は七十七歳に達したので喜寿の祝いをした。また、延期していた療治満五十年の祝いも一緒にして、重なる喜びを患者衆や郷里の人々にお頒ちした次第である。患者衆には記念品を贈呈し、郷里におきましては学校、寺院に記念の寄附をなし、七十歳以上の老人を家に招待して慰め子供達には菓子を贈って喜ばせた。

昭和二年四月一日、孫の正が夭逝した。これには随分力を落としたが、道雄が生まれてからはこれも薄らぎ安心もした様に見受けた。しかし、それから衰弱が急に加わった様に思われる。この頃から大抵、床の上で寝起きしつつ日を過ごす様になった。

昭和三年、この年の秋、京都において即位の大典の挙行にあたり、高齢のゆえをもって東京市役所にて天杯を拝受した。この頃はだいぶ元気が回復し、市役所に私と一緒に参り天杯を頂戴した。

翌昭和四年九月に入ってから、衰弱しだいに加わり涼気増し、天地の気澄むと共に心身衰え、遂に十月十四日、南山伏町十番地において家族一同に護られながら安らかに長逝した。

母の思い出を書き終えるに臨み、私の心に浮かぶ事は、波瀾と苦難の多かりし母の生涯において陰になり陽になって母を慰め力づけ、また庇い助けてくださった方々の事である。私は毎朝のお勤めに際し、故人にはその霊の冥福を祈り、活動されている方々には健康を蔭ながら祈っている次第であるが、この際一言ここに書き添えて心に満つる感謝と尊敬の情を表明させて頂きたい。

母がこの療治をもって世に立とうとした時、よくその精神と術を理解し同情して、周囲の誤解と迫害に対して弁明し庇護してくださった、今は故人となれる但馬の佐伯理之助氏、千葉彦太郎氏、兼平小次郎氏、京都時代最も苦しき頃に心からのご援助を寄せられた橋本昌世氏ご夫婦、京都帝国大学総長木下廣次氏、三國一磬氏、尊き教訓の数々を母にお示しくださった天龍寺管長峩山禅師、皆様方の御霊に対し限りなき感謝を捧げるとともに、ご冥福を祈る次第である。

京都時代秘書役を務め、私が幼かったため母の身辺の雑務一切を引き受けて処理してくださった義子、北村耕宗和尚に厚く感謝申し上げる。

今日もなお、引き続きご厚意をお寄せくださっている津市の川喜田久太夫氏、京都の小田垣蘇堂氏、東京の鈴木喜三郎氏に対しても深き感謝を捧げる。

また、足立とめ、荊妻《けいさい》昌枝も永きの間よく母に仕え、乏しき生活に耐えて家事に励み母の家政上の心労を少なくし、療治に没頭させてくれた事は自分としても大いなる満足である。私事にわたる事ながらここに誌して、以て感謝の意を表す。

7. 仲子の一人息子、健一について

下田弘氏は、健一の人物像について次の様に述べている。

「健一先生は天分の豊かな方であった。恐らく母堂仲子刀自の素質を受け継いでおられたのだろ

うが、ちょっと珍しい程の多才な方であった。日本画は、山元春挙画伯に就いて習ったと言われていた。京都在住の間にそれほど時間があったとは思えないが、画かれた絵はどこの床の間に掛けてもおかしくない出来であった。書も上手であったし俳句はどこかの大きな句会で一等になられ、その時に貰ったという大型の銀時計を常時使っておられた。

また、体は小作りであったがいかにも丈夫そうで、京都の武徳会で修練を積まれたらしく柔道は起倒流、水泳は観海流を修められたと伺った。先生の技を拝見した事はないが、講道館の人と試合をした話を伺った事がある。先生は頭山満氏（玄洋社総帥）を知っておられたらしく、ある時頭山氏の関係の道場に行った時に、『井上さんは起倒流を修めておられるから、お前達もひとつお稽古を願うがよい』と弟子達に向かって頭山氏が言われたので、講道館の五段の二人を相手にする事になったそうである。先生も五段、ただし流儀が違う。いわゆる他流試合である。

私は結果が気になりお尋ねしてみた。

『どうでした』『一礼した後すぐに講道館の五段を投げ飛ばした。もう一人の五段も一遍に投げ飛ばした』

中学生だった私は話に少しオマケが付いてはいないかと思っていたが、その後玄洋社か何かの機関誌にこの時の事が書いてあるのを見たら、まさに先生の言われた通りの事が書いてあった。先生によると、『何しろ相手は元気な若者で、毎日道場で稽古を積んでいる。こっちはたまたま道場に伺ったのだから、まともに試合をしたら第一息が続かない。そうとなれば早いところ勝負をつけなければならんと思ったので、起倒流のその手を使ったのだ』

恐らく道場の中は寂として声もなかったであろう。

それにしても五段という高段者の、しかも血気盛んな若者を立て続けに二人も投げ飛ばすというのは並々の力量ではない。

さて、肝心の療治について申し上げたい。

大正十三年頃の夏休みだったと思うが、一緒に鎌倉に来ていた弟が猛烈な腹痛を発して苦しんだ。勿論私も盲腸炎の恐るべき事、機を失せず手術を行うべき事を知ってはいたが、先生に対する信頼が最も深かったので、一夜明け泣いて痛がる弟と一緒に帰京し先生の牛込のお宅に連れ込んだ。療治を受けると間もなく痛みは止まり、後で患部に里芋か何かをすった物を貼っただけでじきに治ってしまった。

その後十年位経って、今度は私自身が激烈な胃痙攣を起こした。この時は先生のお弟子の上垣さんに宅診をして貰い二時間程の療治で治まった。今考えると私も盲腸炎の初めであったかもしれない。盲腸炎と言っても初めは腹部の右上に痛みを覚える事が多く、腹部の右下の盲腸部分が痛むとは限らぬと聞かされてそう疑っている。

最後に、先生の特殊な能力について一言したい。

私は先生がその能力を発揮されるのを、まるで実験の立ち会いでもするかの様に拝見した事がある。ある時先生のお宅に伺って、待合室でトランプをいじっていると、『トランプを切ってどれでもよいから、一枚取り出してごらん。何が出るか私が当ててあげるから』と先生が言われるので、トランプを切って一枚めくる前に、『赤の六だ』と言われたのである。私がめくった一枚は、ダイヤかハートの六である。

その次は、『黒のお婆さん』と言われるので、私が切り換えて一枚めくると、これがクラブかスペードのクイーンである。

こう言うとそれは井上家のトランプだから、一枚一枚裏に何か印を付けてあったのではないかと思うかもしれないが、先生が私の本郷の宅にみえた時にお願いした際でもちゃんと当たったのであるから、わが家のトランプに印などを付けてあるはずはない。だから疑いが成立する余地は無いと言える。

その頃私は、こんな予言など成立するはずが無いという一般自然科学の信念に囲まれていたから、目の前で実際に予言が成立するのを見て、何だか足元で大地の裂け目が口を開けた様な気がして未だにその時の気分が忘れられない。それ以来私は学問でも実際に自分が見るという事が大事で、見もしないで理論か何かで軽々しく人の見た物を否定すべきではないと堅く戒めている。

実験の際先生は『赤の六』とか『黒のクイーン』と言われたが、なぜか『ダイヤの六』『ハートの六』、あるいは『クラブのクイーン』『スペードのクイーン』とは断言されなかった。たぶんトランプの色の赤か黒かは見分けられるが、それ以上ダイヤやハートの形までは見分けられなかったのであろう。広い世間にはもっと強い透視能力をもつ人もあり、そういう人ならたぶんダイヤとハート、スペードとクラブなど造作なく識別できるのかもしれない」

8．仲子の孫、道雄について

仲子の孫であり筆者の父である道雄（昭和大学医学部元教授・精神医学）は、二〇一三年（平成二五年）七月、八十三歳で逝去したが、亡くなる直前の同年六月、仲子や健一に関する事を筆者宛ての手紙に綴ってくれた。

「私は仲子の孫で健一の三男坊です。祖母は筋骨矯正術が健一で途切れてしまうと心配していた様ですが、昭和四年四月に私が生まれ一安心して、同年十月に『後継者ができた』と安堵して他界したとの事です。

期待された私としては、父の超人的な仕事ぶりを目の当たりにして到底後継ぎは無理、それなら医者になろうと決め医学部に進学しました。予科時代から生理学教室の学生として、実験の手伝いをしました。

医学部の講義を受け始めました頃、人命をお預かりする事への畏怖《いふ》の念が募り、両親に医学部を辞し理学部へ転部したいと伝えたところ、親戚の医者達も『勿体ない。医学部にも基礎医学があるのだから、そのまま在籍して勉強する様に』と忠告を受け一段落した挿話もあります。

このたび次男の浩から、井上仲子の事業を後世に残したいとの発案があり、孫の私が気づかなかった事に気づいてくれたのはこのうえない歓びであります」

父がなぜ筋骨矯正術を継承しなかったのか素朴な疑問が長年解けずにいたが、病身を押して震える字で書き遺してくれた手紙を読みその理由を知った。

なお、精神科医として臨床に、そして後進の育成にと奔走した父の仕事ぶりもまた超人的であった事を付記しておきたい。

第三章　井上仲子がこの世に遺したかったもの

晩年の仲子刀自

1. 療治への確固たる信念

私家版の中で、弟子の長谷波静哉氏は語る。

「柏村彌三郎氏が、ある時来宅して師と座談中、『お仲さんは、この様な療治を発明して世の多くの病人を助けている。病人から見れば全く生き神様であろう。しかし、うなじつかいの様な流行神である。だから今のうちに宜しく貯蓄し、老後の用意をしておく方がよかろう』と話された。

するど師は色をなして、

『あなたは失敬千万な事を申される。命懸けてのこの療治を、うなじつかいと同じ様に言いなさる。これはちゃんと天地の道理にかなった療治法じゃ。誰でもできるものにしたいがために、日夜その道理を研究しているのである。親身のお前さんにしてこれだから困る』

涙を流して憤慨された師はその夜、容易に就眠されなかった。その時私は不肖のため、師のこの悲しみを慰める言葉がなかった」

同じく弟子であり、義子の北村耕宗氏も私家版の中で語る。

「『たとえ骨身は砕かれるとも、この療法を世界の人に知らせずにはおけぬ』
師はいかなる迫害に遭おうとも、決して一歩も退かずという勇ましいこの言葉をよく口にしていた」

一八九六年（明治二九年）の春、仲子が神戸で療治をしていた時の話である。

「これを世間に広め一般公衆にお知らせするには、どうしても公認を得なくてはならない。公認を得るには本籍のある県庁に出願して実地試験を受け、その効果を認めてもらうのが第一の良策である。ともかく県庁を経て内務省へ効力試験を願ってみるがよい」

こうした周囲の助言もあり筋骨矯正術を後世に残すべく、県庁へ願書と病気全癒保証書、数百通を提出した。すると後日県庁から呼び出しがあり、すぐに出向いたところ衛生課長が応対し、

「お前さん、この療治法についての学説が説明できるか」

仲子は療治について詳しく説明したが、

「なるほどもっともの事で、至極平易な道理でもある。なお効力の点について実は暗に取り調べてもいるが、なにぶん今日の規則として学術上の説明ができなければ公認できない。気の毒だがしょうがない」と、願書は敢え無く却下されたのであった。

仲子は自分の療治を一切広告しなかった。また、療治を受けたい者は紹介者を必要とし、誰でもよいから沢山患者を迎えるという様な事は決してしなかった。したがって療治に来る人はどうしても少ないうえ、僧侶には無料で施療し、お布施や食事も出すため経済は決して楽ではなかった。

「仲さん、この療治も一種の流行だから今に流行しなくなるかもしれない。その時に貯えが無くては大変ですぞ。当分お寺や慈善会等への寄附や無料の療治等をおやめなさい」

「こう来る人が少なくては生活にお困りになる。生活ができなくてはどうにもならないから、『筋を揉む』の『按摩と違う』などと難しい事を言わずに、按摩と銘打って看板を出し広告もしてもっと多く客を呼ぶ工夫をされてはどうか」などと近親の者から忠告されると、

「わしの療治は決して按摩ではない。医者や人が何と言おうと立派な一つの療治である。

わしはこの療治をどうしても完成して、天下に示し後世に残さねばならない。この使命の前に、食べられないから按摩の看板を出すという様な事ができるか。食べられる食べられない、流行する流行しない等は眼中にない。良いものであり真のものでありさえすれば必ず残る」

と述べて、それらの忠告には一切耳を貸さなかった。

2. 筋骨矯正術の心

仲子は弟子となった健一に、筋骨矯正術の心を次の様に伝えた。

「患者衆に療治をしてあげるのではない。させて頂くのである」

「心を虚《むな》しくして、その患者さんの心にならねばならない」

「教えられて初めて知り、注意されてから物事をするという様では駄目だ。人の目を見て悟り、言葉無くして聴き得る様にならなくてはならない」

健一曰く、

「診察の時は、特に気をつけて母の態度を一心に見、言葉を聞き、また考え一挙手一投足に始終注意した。また寝に就く時自分の体の筋について、色々と研究し実験して疑問の解決に苦心した。

母は決して普通の教師の様な教え方をしなかった。あくまで自分で考えさせ実地にあたって解決せしめる方法を取った。ですから私は苦心したが、母の一言はよく疑問を解きまた大きな暗示となった。これはこの療治を体得するうえからいって、正しくかつ有効な方法である。

〝習うより慣れろ〟この療治を志す者が忘れてならない言葉である。この療治は話して聞かせたり手をもって教えたりするよりも、あるいは生理、衛生、病理、解剖という様な現代医学の知識よりも（全然不要というのではないが）、この筋骨矯正術の原理を知ったうえはそれを自分の体について研究し、また実地に当たって生きた経験を積み自分のものを作り上げる覚悟がぜひとも必要である」

患者さんの一人、井口巳之助氏は私家版の中で語る。

「この法を継承する人は、刀自の気持ちをそのまま受け継ぎ得る人でありたい。もしそうでない場合にはせっかくのこの天地自然に適《かな》える療法を、あたら魔道に陥れる事になりはしないかと気遣われる。

幸いにも令息、健一先生の様な立派な人を得、多年刀自の膝下《しっか》に侍《じ》され、形の上にも心の上にもしっくりと故刀自の衣鉢《いはつ》を継がれたのは喜ぶべきである」

長谷波静哉氏は、筋骨矯正術を悟道に譬える。

「奥儀伝授の巧拙《こうせつ》は各人の天性によるのであるが、この療法を他に伝授する事はかの禅宗の悟道の如く、さとす者、受ける者の意気精神が相通じて初めて功を奏するのである」

3. 東上の経緯

川喜田久太夫（半泥子）氏は、筋骨矯正術の未来を案じ、ある人物を仲子に引き合わせた。これが、仲子の東京行きを決定づける事となったのである。

一九〇八年（明治四一年）四月、療治を終えた後、川喜田氏は仲子に伝えた。

「先生の矯正術は確かに世の為になる。しかしどれほど長生きして頂いても一代限りでは効果が少ないから、どうにかしてこの良法を世間に認めさせ、長く世に伝え広く及ぼしたい」

「私の一生の願いも全くそこだ」

川喜田氏は自分の力だけでは及ばないと思い至り、この事を十分理解してくれる人を選んで世に紹介したいと考えたのであった。

その頃存命であった大隈侯爵にこの事を話すと、一度井上に会おうという事になり、早速仲子に伝えると非常に喜び、翌月健一や耕宗和尚も付き添い四人で早稲田へ出かける事となった。

大隈侯爵は、仲子の療法と年来の宿望について聞いた後、

「私の所には種々雑多な療法を言ってくるが、お前さんの話はこれまでに無い平凡な話である。

平凡なだけに真理があり面白い。しかしあまり平凡すぎるから世人が気付かぬ。

私は専門家でないから療治の事は何とも言えないが、とにかく歪んだものを矯正するという事は確かに良い事である」

「元来人間の体は、必ず歪むべからざるものであるという事が自然と明らかに表されてある。というのは鼻でも口でも臍でも一つのものは皆、厳として中心に位置し、眼や耳や手や足等二つのものは総て左右正しく一対になっている。もしこれが歪んでも差し支えないものなれば、上下しあるいは斜めになり種々と造化の妙を尽くし面白おかしくできているかもしれない。

ところがこの通り百人千人皆一様に正しく定まっているのであるから、これを見ても歪んではならぬという事がすぐに分かる。極めて明らかな道理で、またいかにも確かな事実である。つまり平凡すぎて却って人が気をつけて見ぬのである」

「マッスグでなけりゃいけない事は古来神儒仏の書物にも出ているが、これを手に取って行う人に出会ったのは初めてだ。今聞く通り将来に望みを抱いているなら、奮発して京都より東京に来ては」

暗示に富んだ批評をしたうえで、仲子に東京へ出て来る事を勧められたのであった。

ところがこの後、一問題起こったという。

東福寺の管長であった井山九峰老禅師に、仲子がこの事を話すと、

「そりゃいかん。真の法なればどこにいても世に残る。何も東京へはるばる出掛けるに及ぶまい」

仲子は東京行きへの否定的な意見に困って、耕宗和尚を伊勢まで遣わし川喜田氏に助言を求めた。

川喜田氏がおいそれと承知する訳もなく、大禅師にぶつかるのも修行のひとつと覚悟を決め、その翌日、耕宗和尚と東福寺へ行き禅師に相見を願い自らの考えを述べた。

「井上の法は、京都に居ても残る因縁があれば残る。何も東京へ行くに及ばぬ」

禅師も容易には聞き入れない。

「京都に居ても残るでしょうが、東京に居ても残らぬとは限りますまい。先生は考えに考えた挙句、東京でやろうと決心したのです」

「井上が東京へ行って、万一まごついたらどうする」

「その時には私に考えがあります。その決心も無くて人に薦められますものですか」

「そうか、それなら力になってあげなさい」

仲子の身を案じる大禅師も最後には納得し、一九〇九年（明治四二年）春、仲子は東上する事となったのである。

この時仲子は、二首詠んでいる。

六十路すきなほ撓《たわ》ますにすゝみきし
　猛き心は知る人そしる

世の為に老もつかれもうちわすれ
　つくすはたゝに直の一文字

実業家、政治家として活躍し、陶芸家としても「東の魯山人、西の半泥子」と名声を博した川喜田氏は、筋骨矯正術の未来を心底案じてくれていたのである。川喜田氏の親身な取り計らいが無かったならば、仲子東上の話にはおそらく至らなかったであろうし、筋骨矯正術の唯一の手掛かりとも言える私家本の編纂も実現していなかったかもしれない。

4．関東大震災と仲子〜歴史の検証とともに〜

私家版には、仲子や健一が関東大震災で被災した時の様子が描かれている。その記述の紹介とともに、関東大震災時に起きたある歴史的事件とその時代背景にスポットを当て、今日の政治と社会の風潮について警鐘を鳴らしたい。

「一九二三年（大正十二年）、この年をもって母の療治満五十年に達するので、心ばかりの祝いをし患者衆にも喜んで頂きたく思っていた。ところが九月一日、東京を中心に関東一帯にわたる大震火災があり、俄《にわか》に阿鼻叫喚の巷を現出したのでこの祝いを延期する事にした。大地震は郷里から帰った翌日の事だった。幸い一同無事に庭へ避難しそこにて数日を過ごした。この時東京は大火災のため食糧が大いに欠乏し、人々は食物を得るのに非常に困った。

しかし幸いに食物の貯えあり、かつ母の平素の指導により台所には漬物類は豊富に準備してあったため大いに意を強くし、また毎日数人の焼け出された患者衆やその家族の方々にも食事を差し上げる事ができた。この震災は全ての人々に大いなる激動を与えたが、わけて母には甚だしかった様で、震災後心身は著しく疲労し療治する事が一層少なくなった」

当時、仲子と健一は但馬へ一時帰郷していたが、東京へ戻った翌日、関東大震災に遭う事になる。

十万人以上もの犠牲者を出し阿鼻叫喚の巷と化す中、被災した市民は助け合い、突然襲いかかってきた苦難を乗り切ろうとした様子が健一の言葉からもうかがい知れる。

内閣府中央防災会議の災害訓練の継承に関する専門調査会が二〇〇八年（平成二〇年）に公表した報告書、〔1923関東大震災第2編・第4章〕には次の様な記載がある。

「関東大震災時には、官憲、被災者や周辺住民による殺傷行為が多数発生した。武器を持った多数者が非武装の少数者に暴行を加えたあげくに殺害するという虐殺という表現が妥当する例が多かった。殺傷の対象となったのは、朝鮮人が最も多かったが、中国人、内地人も少なからず被害にあった。」

なぜ、この様な蛮行が繰り広げられたのだろうか。

関東大震災が発生した頃の時代背景を正確に捉える事によって、その答えは導き出される。

日露戦争後、日本は韓国に対し一九一〇年（明治四三年）八月「韓国併合ニ関スル条約」への調印を迫る。当時の国際法に照らしても、国家の代表者を脅迫しての条約は無効であるにもかかわらず、軍事的圧力によって一方的に押し付けた不法な条約である。

日本は強権的に総督府を設置し、武力で民衆の抵抗を抑え植民地支配を推し進めていった。朝鮮総督府が行った土地調査事業では多くの農民が土地を奪われ、農村で生活できなくなった人々の中にはソ連や中国、満州、そして日本へと職を求めて流れ着くしかなかった人々が少なくない。朝鮮半島の植民地支配は日本が敗戦する一九四五年（昭和二〇年）までの三十六年間に渡り、韓国の人々から国を強奪し言語や名前すら改変を強要した。

抑圧への不満と怒りが頂点に達する中、植民地支配からの独立を目指す「三・一独立運動」が一九一九年（大正八年）三月ソウルで始まり、朝鮮全土に広がっていった。この運動には二百万人以上が参加したといわれ、総督府は軍隊によってこれを徹底的に弾圧したのであった。

同時に、日本の多くのメディアは権力と一体となり「三・一独立運動」の参加者を「暴徒」「不逞《ふてい》鮮人」などと呼び、朝鮮人に対する敵対心を日本人に刷り込んでいった。

隣国への支配と暴政が続く中、一九二三年（大正十二年）九月に関東大震災が発生する。日本政府は自然災害にもかかわらず戒厳令を敷き、内務省は「朝鮮人が各地に放火し、不逞の目的を遂行せんとしている」といった電報を各地に流し、根拠のないデマによって国民を扇動していった。

その結果、「朝鮮人と社会主義者が井戸に毒を投げ入れた」「暴動を起こしている」などの流言が混乱状態の街の中を飛び交い、軍や官憲、自警団などが、朝鮮人や中国人など数千人を超える人々を殺害するという暴挙に駆り立てられていく。

植民地化した朝鮮半島での傍若無人な振る舞いそのままに、他民族を暴力的に弾圧するという日本軍国主義の本質が、震災時の混乱までをも利用し容赦なく牙を剝いたのである。

また、当時日本国内でも在日朝鮮人と連帯する民族解放の社会運動が高揚していたが、民族自決権を主張する日本人の活動家たちまでもが虐殺された事を銘記しておきたい。

前述の事件に関わり、いま一つスポットを当てたい史実がある。

震災時、神奈川県警鶴見分署署長であった大川常吉氏は、自警団らから殺害されるおそれのあった朝鮮人、中国人らおよそ三百人を守った事で知られ、横浜市鶴見区の東漸寺には故大川氏の顕彰碑が建立されている。

大川氏は、武器を持った自警団から朝鮮人、中国人の引き渡しを要求されたが、「朝鮮人に手を下すなら、まず我輩から片付けよ」と体を張って立ちはだかり、異様な状況のもと三十名の鶴見分署員とともに多くの命を守り抜いた。

大川氏の事を知った韓国ソウルのある病院の院長が一九九五年（平成七年）に大川氏の子孫を招待し、病院のスタッフ約二百名が温かく歓迎している。

大川常吉氏の孫である大川豊氏は、そこで次の様に語ったという。

「この様な歓迎に、お礼の言葉もございません。しかし、祖父がした事はそんなに褒められる事なのでしょうか。当時、日本人が韓国朝鮮の方にあまりにひどい事をしたため、当たり前の事が美談になってしまった。だから、私が日本人として皆さんに申し上げる言葉はこれしかない。

미안합니다（ミアナムニダ）ごめんなさい」

（参考：神奈川新聞二〇一三年九月二八日付）

因みに、大川豊氏の発言に筆者が強い感動を覚えた事もあり、豊氏の祖父である常吉氏の勇気ある行動についての記事を紹介したが、朝鮮人をかくまった日本人は他にも少なからず存在した。ただこうした日本人の行動が、豊氏の言葉の通り「美談」、つまり〝誇れる話〟として矮小化されてはならないのであり、関東大震災時の朝鮮人虐殺の史実に対しても日本政府による「痛切な反省」と「心からのお詫び」の表明とともに、言葉だけでなく行動で示されなければならない。根本にある〝誇れない話〟は、過去にさかのぼって断罪され続けなければならないのである。

関東大震災によって、日銀の推計では物的損失が約四十五億円にものぼったとされる。当時の日本の一般会計歳出が約十五億円であった事から、実に国家予算の三倍を失うほどの経済被害を受けたと推察される。

ところが政府は被災者の救援、被災地の復興に国力を傾注するどころか、一九二五年（大正十四年）、治安維持法を制定し国内での統制と弾圧をさらに強め、一九三一（昭和六年）年、中国東北部への軍事行動を開始（満州事変）。一九三七年（昭和十二年）、中国との全面戦争に突入（日中戦争）、同年、南京大虐殺を日本軍が引き起こす。一九四一年（昭和十六年）、アジア・太平洋戦争への拡大と、日本は泥沼の侵略戦争に突入し、ついに一九四五年（昭和二〇年）の敗戦を迎えるに至る。

日本政府は遅きに失しながらも、一九九三年（平成五年）「慰安婦」問題に関する談話によって、日本軍の関与と強制性を認め「心からのお詫びと反省」を表明した。

さらに一九九五年（平成七年）には戦後五十年談話において、日本が「国策を誤り」「植民地支配と侵略」によって多大な損害と苦痛を与えた事を認め、「痛切な反省」と「心からのお詫び」を表明したのである。ところが安倍政権においては「植民地支配と侵略」には言及しないどころか、逆に歴史修正主義と排外主義を助長している。

日本がかつて国策を誤った時代を生きた三笠宮崇仁親王（昭和天皇の弟）が、著書『日本のあけぼの―建国と紀元をめぐって』（光文社一九五九年）の冒頭に記した言葉を引用したい。

「偽りを述べる者が愛国者とたたえられ、真実を語る者が売国奴と罵《ののし》られた世の中を私は経験してきた。（途中略）それは過去の事だと安心してはおれない。つまりその様な先例は、将来も同様な事象が起こり得るという事を示唆しているとも受けとれるからである。（途中略）『真実は何か』これが最近における私の日常生活のモットーである。」

今日の政治と社会の風潮を鋭く射貫く言葉として重く受け止めたのであり、歴史の逆流を決して許してはならないという思いを筆者は改めて強くしている。

植民地支配や奴隷制の責任に対しては「過去にさかのぼって非難されるべき」（国連のダーバン宣言・二〇〇一年〈平成十三年〉）という認識が、今や国際政治における確固とした到達点である事を弁《わきま》えなければならない。歴史の真実に誠実に向き合う事ができなければ、国際政治の到達点にも立つ事のできない、未来に目を閉ざした国のままであろう。

とりわけ、今日悪化する日韓関係を改善するうえでも、日本軍「慰安婦」問題や「徴用工」問題をはじめ、日本が過去の植民地支配への深い反省の立場に立ってこそ解決の道が開かれるのである。

日本軍「慰安婦」問題について、戦時性暴力は世界のどこにでもあったという主張は「慰安所」制度を実施した主体が、日本軍であるという特殊性を見ない責任逃れの議論である。

また「徴用工」問題については、戦時中の日本の労働力不足をまかなうために強制的に動員し労働させられた人々に対し、「個人の請求権は消滅していない」と日本政府も認めているのであり、これ以上日本政府は事態を紛糾させるべきではない。いずれも本質は人権問題であり、被害者の視点から人権回復を最優先に考えなければならないのである。

アジア・太平洋戦争末期、国体護持（天皇制国家を維持する事）のためとして本土決戦に備え天皇や軍、政府の中枢を移転する計画のもと朝鮮人が徴用によって動員され、長野市松代町の山の岩盤をくりぬく過酷な工事を強要された。日本人も多数勤労動員されたが、工事の中心的役割を担わされたのは約六千人とも言われる朝鮮人である。

厳しい監視下、昼夜の強制労働により多くの人が犠牲になった。年若い朝鮮人女性が連れて来られ、慰安所まで設置されていた。

松代大本営地下壕の入り口付近に建立されている「朝鮮人犠牲者追悼平和記念碑」には、次の様に刻まれている。

「この大地下壕を中心とする松代大本営は、太平洋戦争と朝鮮植民地化に象徴される日本のアジア侵略の歴史と、その反省を永遠に刻む歴史的遺跡でありこの碑の建立と壕の見学が、なお残る民族差別の克服と友好親善の新たなる第一歩となることを切に願うものである。」

松代大本営も植民地支配と侵略戦争の、もの言わぬ生き証人のひとつなのである。

前述の大川豊氏の言葉とは反対に、少なくない日本人の中に朝鮮民族への差別意識が再生産され続けているのは、歴史に正面から向き合おうとしない国の姿勢が大きく影響している事を直視しなければならない。

人類はすべて、連綿と繋がる歴史の中に生きているのであり、誰の手によっても史実を消し去る事、書き換える事はできない。

だからこそ歴史上の「真実は何か」を正しく学び、過ちに対しては謙虚に向き合い、再び過ちを繰り返さないための教訓を未来に生かさなければならないのである。

飢饉、戦争、大規模災害の惨禍が続いた時代をくぐり抜けてきた人たちが、人間の命と尊厳を何よりも大切にする平和な世の中と安寧の日々の到来を希求しないはずはない。

あの時代を生き、多くの人々の命に寄り添った仲子もその一人だったはずである。

5．曾孫《ひまご》の使命　～大阪市政の歪みをただす～

仲子は人体の姿勢の歪みをただす事に一生を捧げたが、大阪市政の歪みをただす事が筆者に与えられた使命である。

信念を真っ直ぐに貫き通した仲子の思想を受け継ぎながら、自らの使命を全うしたい。

イワン講が但馬一帯に流行した際、仲子が怯《ひる》む事なく勇敢にたたかったという話（P.82）は身につまされる思いであり、政治の世界も例にもれずイワン講の類《たぐい》が跋扈《ばっこ》して憚《はばか》らない。
それにしても、現在の大阪市政は極度に歪んでいると言わざるを得ない。

大阪市は、市そのものを廃止・分割してしまおうという動きが、維新市・府政のもとで再び強まり存亡の危機に瀕している。ここではその〝本質とねらい〟を中心に論じたい。

二〇一五年（平成二七年）五月に実施された住民投票は、大阪市廃止・分割構想（いわゆる大阪都構想）の否決によって幕を閉じた。大阪市の存続が決まった事を市民とともに喜び合い、示された民意の重みを胸に、市民が主役の基礎自治体への転換を固く誓ったのであった。

ところが今、大阪市廃止・分割構想に対する二度目の住民投票が実施される様相であり、その〝本質とねらい〟を市民に正しく理解していただく事が喫緊の大命題となっている。

いわゆる大阪都構想とは、大阪市を廃止し四つの特別区に分割するという構想である。

少なくない市民の中に、首都である東京都に準じる様な位置づけや機能が与えられ、何らかの優位性やメリットが発生するかの様な誤解が見受けられるが、大阪都構想というのは全くそういうものではない。

住民投票において、大阪府が大阪都になる事は不可能である。当然の事ながら、東京と入れ替わって日本の首都になる訳でもなく、大阪府は大阪府のままなのである。都にはならない都構想は、あくまで大阪市の廃止・分割による大阪府への集権化が目的なのである。言うなれば府構想である。

大阪都構想という呼称が、市民の誤解を招く大きな要因の一つとなり続けているが、大阪市の廃止・分割とそれに伴う大阪府への集権化がいったい何をもたらすのだろうか。

そもそもなぜ東京に都区制度が導入されたのかというところから紐解いてみると、第二次世界大戦中の一九四三年（昭和十八年）、「帝都防衛」の名で財源と権限の集権化を図るために、それまでの東京府と東京市を廃止して東京都と特別区が誕生したのであり、まさに戦時体制下の遺産と言うべき制度である。

戦費調達（財源確保）の合理性を優先した仕組みが都区制度であり、今日の地方自治、あるいは地方分権といった概念に起因するものでは決してない。こうした歴史的背景から、東京都の場合、固定資産税や法人市民税などの基幹税目（主要な税収）が財政調整財源とされ、その財政調整財源の四十五％は都へ、そして残りの五十五％を23特別区に財政調整する仕組みとなっており、なぜ四十五％も都に行くのかの根拠は示されず、全くのブラックボックスだという。

特別区は都と対等ではない関係に置かれ、都と特別区の間で、また特別区同士の「財源の取り合い、せめぎ合い」は避けて通れない宿命であり、東京特別区では長年にわたり自治権の拡充と財源の確保を求める運動が続いている。財政調整と言うが、いったい誰のための〝調整〟なのかという事が根本問題なのである。

つまり、大阪市が特別区になるという事は、固定資産税や法人市民税など市の基幹税目（主要な税収）と国からの地方交付税が大阪府に入る事になり、大阪府から財源を配分してもらうという関係に成り下がる事を意味する。

それに加え、職員数の増加や新たな庁舎の確保、システム改修などのために膨大なコストを要するのであり、歳出の削減どころか逆に特別区設置コストが膨れ上がっていく。

こうした事から、現状の住民サービスさえ維持できる確証は無く、住民サービスの向上など夢のまた夢である。

だいたい特別区といってもその名称とは裏腹に、財源・権限ともに政令指定都市からの大幅な「格下げ」に他ならないのであり、四つの特別区に分割した場合の基準財政需要額（各自治体が必要とする一般財源額）すら示せないのは、逆にコストが増大する非効率な仕組みである事が露呈するからなのである。

例えば、四人家族で一つ屋根の下に暮らしていたのが、ある日を境に四人別々に暮らす事になれば、一軒分でよかった家賃や光熱費等も四軒分かかってくるだけでなく、収入が大きく増える見通しがあるならまだしも、これまで四人が得ていた収入も目減りするという事になれば、四人の生活が苦しくなるのは想像に難くない。

分かり易く言えばそれと同じ事である。

都道府県の権限の多くを委譲され〝かゆいところに手が届く〟施策を、文字通りニア・イズ・ベターの考え方のもとに展開できる政令指定都市を廃止し、戦前の七十六年前に東京で導入された制度を目指す都市は、大阪市以外の他の19政令指定都市には勿論どこにも見受けられない。

しかし、政令指定都市の廃止を目指す事が、残念ながら大阪市・府政の第一義的な政治課題となってしまっているのだ。同じテーマで二回も住民投票が強行されようとしているところに、大阪の政治の異質の危険性が表れており、自治権の拡充に腐心する他都市からすれば大阪の現状は理解し難いはずである。

カジノ誘致計画をはじめとする大型開発に前のめりになっている大阪府・市政の現状や、大阪府の厳しい財政状況に照らしても、大阪市を廃止してしまえば大阪府と特別区の間の財源を巡る「取り合い、せめぎ合い」だけにとどまらず、特別区に不足する財源を大阪府が追加配分し続ければ大阪府の財政の圧迫につながり、ひいては府下全ての自治体に悪影響が及ぶ事になる。

そうした意味では大阪市民だけの問題ではなく、大阪府下に住む全ての住民に関わる重大な問題なのである。

大阪市廃止・分割を目論む側にすれば、歴史に残る大改編をやり遂げたという実績さえ残せればそれでよい訳で、万が一大阪市の廃止・分割が賛成多数となれば「決めたのは市民だ」と、責任を回避し続ける事は目に見えている。

繰り返しになるが、東京で都区制度が導入された目的が、戦時体制における「帝都防衛」であった様に、集権的な仕組みの行財政運営を可能にする事が大阪市廃止・分割の本質的なねらいなのである。つまり、〝自治〟ではなく〝統治〟の発想そのものであり、市民を主体に考えた制度でもなければ、市民の内発的な要求でも全くないという事を強調したい。

「現在の24行政区の区役所は残す」「現行の住民サービスの水準が維持できる様に、財源を追加配分する」などと説明し、市民の不安や批判をかわす事に躍起だが、それなら前回の住民投票で示された民意に従い大阪市を存続させるのがベストなのであり、大義のかけらも無いと言わなければならない。

再度申し上げたい。

大阪市廃止・分割の先に待っているのは、住民サービスの低下と多大な市民負担増であり、何らのメリットももたらされない。

大阪市は、二度と元には戻れない茨の道を突き進むのではなく、もっと市民に寄り添って「政治の中身」の改革と「くらしの応援」に全力を傾けるべきである。

そして、大阪市が長い歴史の中で営々と築き上げてきた都市格を土台に、経済、産業、文化などあらゆる分野において、政令指定都市としての財源と権限を市民本位に活かしながら、大阪・関西の発展を牽引する役割をこれからも発揮し続けるべきなのである。

大阪市廃止・分割などという愚挙に対し、立場を越えた多くの人々とともに力を合わせ、大阪市を必ず守り抜き市政の発展に全力を尽くしていきたい。

6．東洋のヲステヲバセ

一九〇四年（明治三七年）大阪毎日新聞記事の概要

一九〇四年（明治三七年）、大阪毎日新聞に掲載された「東洋のヲステヲバセ」という表題の記事の概要を参考として掲載したい。

去る五月の本紙上に、新渡戸大学教授の談として米国で行われる一種不思議な療法、「ヲステヲバセ」について紹介し、多少読者の好奇心と注意を喚起した様であったが、ここに東洋の「ヲステヲバセ」とも称すべき一種独創の療法を行う者があって、現に京都大学総長や教授達の家族、並びに幾多知名の人々によって讃称《さんしょう》され、その行動もまたやや常人に異なるところがあるからここに紹介しようと思う。

この独創者は井上仲子という。但馬国養父郡高柳村字八木の酒造家、上垣利兵衛の娘であり但馬国朝来郡竹田村の内字筒江に嫁入りした。本年五十六歳の婦人であるが、整骨、按摩など何人にも学んだ事はない。家は中産の農家で孜々《しし》としてその業に務めていた。

二十六、七歳の時、二歳になる妹の児の手の関節が外れ、ワァワァ泣いていたのをどうにか治そうとさわっているうちにコトリとはまった。その後も同じく近隣の幼児の関節が外れたのを治した。狭い田舎の事であるからいつしかこれが評判になり、若者が手を傷めたとか足を挫いたとか言っては、頼みに来るのを治してやり、いつの間にか一人の整骨師と認められる様になった。

そして農家の片手間には近村やその他へも招待されて療治していたが、今より二十六年前、すなわち仲子が三十歳の頃、兄が肺と胃に悩んでいるのを療治した。この兄は当時その村の戸長をしていたが、以前より虚弱で肺病にかかり医師の治療も功を奏さなかった。

そこで仲子にどうか治してくれとの事であったが、これまで整骨などをして多くの人の体格を見たが、体の健全な者に限り脊梁骨が真直である。一方、脊梁骨の曲った者は必ず体のどこかに申し分があって、諸種の病気が纏綿《てんめん》しあるいは尫弱《おうじゃく》にて甚だしきは障がいをのこすこととなる。現に兄なども甚だしく脊梁骨が曲っている。

これがそもそも胃病や肺病の原因であるから、この脊梁骨の曲ったのを矯正し五臓をおのおのの所に安んぜしめたなら、血液の流行も自然に滑らかとなり病根はいつしか除去するに相違ないと思い定め、種々工夫して曲った脊梁骨を矯正するに勉めた。

しかるにこの予想は適中して脊梁骨の真直になると同時に、その兄の病気はおいおい快癒し遂に健康の人となった。これがこの術を創意した最初である。

仲子は工夫を凝らし、その原理がますます明らかになると同時に自信も加わり、諸種の病人に試みたが大体の難病が平癒する。中には自分ですら不思議に思う事もあった。

術がますます修錬されると同時に、近村はもとより諸方にその名が響いて、遠方よりわざわざ招待される事になって至る所で効力を顕わした。

その後仲子は一時神戸に出て療治を施していたが、その頃天龍寺の峩山和尚が不調のため、療治してくれんかとある僧の依頼を受け天龍寺へ向かった。

そこで四、五十日も逗留《とうりゅう》して療治をし、またその禅法を参聴した。

峩山和尚は左の如く書し仲子に与えたのである。

通身是手眼

但州婆子、善按筋摩骨術、名聞遠近、其言曰、病只因筋骨不整、筋骨整病即無、整其筋骨、先於腹部、余奇其言之不捨本而奔末、受治旬餘、忽見効験矣、請題数字書以為贈。

明治戊戌仲夏日　　雲居庵主寂山

仲子は寂山和尚を療治すると同時に、多くの雲衲《うんのう》も療治した。

しかし少しも謝礼を受けぬ。曰く、

「あなた方は一国の教化にとり非常に貴い方々だ。その方の病気を療治したとなれば、私にとりこれほど喜ばしい事はないから決してお礼は頂かぬ。それともたって気が済まぬとなれば、どうか和尚さんの書が願いたい」と言うので、寂山和尚はよしよしと対幅《ついふく》を書いて仲子に与えた。雲衲もそれでは表装は己の方でしようと言う事であった。

そして仲子がこの間に、寂山和尚の非常な感化を受け幾分か禅道に参入し、ひいてはこの術の三昧《さんまい》に入るに力あった事はほとんど疑うべくもない。

その後仲子は、京都に住し専ら療治を施していた。そして上流社会の人でこの療治を受けた人も少なくない。しかるに仲子が一旦但馬に帰国している時であったが、寂山和尚はかりそめの病気が急にさし重り遂に遷化になった。

今日腐敗したる仏教界に一道の大光明を放っていた禅師の遷化は、遠近とも実に悲痛せぬものはなかった。仲子もまたこの訃を聞いて、夢かとばかり駆けつけたがもう及ばない。慟哭痛悼《どうこくつうとう》、昔日の音容《おんよう》を懐《おも》うとほとんど堪えられぬ。そこでふと侍僧に向かって聞いた。

「和尚さまの寝衣はどうなされたか」

「あれはボロボロで汚いから洗濯婆にやった」

「はてそれは残念、どうにかしてあの寝衣が欲しい」

侍僧は訝《いぶか》って、

「あんなボロボロの物をどうするのか、それほど遺品が望みならば他の物をやろう」

「いや他の物は望みなし。あのボロボロの寝衣なればこそ欲しいのだ。

試しに思ってみなされ。一代の大宗師として、仏教界の大光明として、五十年間国のため教のためにお尽くしなされた、この天龍寺の管長たる和尚様のお寝衣はどんなものか。白練《しろねり》か、あらず。満足な絹か、あらず。本ネルは本ネルながら幾年間にすり切れて、下の方は全く白木綿で綴ってある。それを汚いともボロボロとも思し召さず、遷化に至るまで肌に着てござったその質素節倹。

また、微塵も驕慢《きょうまん》のお心のおわさぬ事は何と有難い道行でないか。かかるところは御僧なども学び給うべきところ。また我々の一層仰嘆《ぎょうたん》して無言の御教の心に沁《し》みるところ、さればあの寝衣はぜひ頂戴して保存したし」

洗濯婆に説き遂にその寝衣を請受け、謝礼としてネルの反物一反を与えた。

仲子はその寝衣を得て三拝九拝、またも涙にくれて昔日《せきじつ》の教を謝したが、桐の匣《はこ》では和尚の質素の心に違うと、遂に杉の二重匣を造ってこれにその寝衣を蔵《おさ》めた。

北垣國道男爵（元京都府知事）は、仲子の殊勝な心懸けに対しその匣に左の如く書して与えた。

是天龍寺管長故峩山和尚遷化之時所着用、嗚呼和尚学窮釈氏之蘊奥、功徳広大為一代巨擘、世之所知也、而朝夕包養精神者、不過此一弊衣、今天龍不顧之、而一老婆子能保存之、不亦奇哉。

明治三十四年晩春　　　　　　静屋居士記

さらに東福寺管長、済門敬沖師もこれを聴いて嘆賞《たんしょう》し、匣裏に左の龍蛇《りゅうだ》を躍らした。

古人曰、其驕者倹、是万世執政之本也、以故鑑之我邦而已也、彼唐前後聖賢盡以倹約、為教道之始、王公貴人必慎務而従其導引、下及万民、無不随其教令、故天龍峩山師尋常節苦、以清衆接得為旨趣、一衣把針之綿密真可嘉歎、然一嫗子深見存其行儀亀鑑、茲留其故衣誠可謂戒驕奢華美焉。

斗室題

壬寅仲秋日

ここにおいてこの一寝衣はまた、大光明を放つと同時に仲子の用意の尋常でない事が知れる。そして仲子は前に和尚に書いて貰った対幅を、天龍寺の望みによってこれを同時に蔵めた。いつの頃よりか木下大学総長も仲子の療治を受けた。そしてその令姉も東京からわざわざ来て、木下夫人と共に同じく療治を受けた。

また折田第三高等学校長も、五年程前胃病で医薬もはかばかしくなく、あるいは胃癌かまたは胃潰瘍になる恐れがあるという際、ふと仲子の事を聞いて、当時吉田の官舎より一条油小路辺なる仲子の宅まで降っても照っても五、六週間くらい三回ほど通った。

この頃記者が、同校長を訪ねて質したところ校長曰く、

「自分は一方に服薬も廃していなかったし、また養生もしていたがお蔭をもって全癒した。療治は実に巧みで効験のある事は確かに覚えた。木下総長も夫人も確かに効力のあるのを称讃している。なお、その他に帰依《きえ》者は少なくない」

また、仲子がある病院長と衝突した事があった。この院長は非常に仲子を蔑視して、生理学も

知らぬ者がと散々に罵倒したので、仲子は院長の親族でしかも院長が四年来治療しても効験のない西陣の伊澤某の妻を、療治して僅か四、五週間で全治したので仲子は遂にその院長の鼻を明かしたのである。

さて、仲子の術の原理というのは前にも少し記載した如く、脊梁骨の曲ったのを矯正するのであって、その法は患者の腰部に自己の膝を当てその両手を患者の胸部にし、脊梁骨の曲った反対の側に幾回か仰向かせ、そして後熟練なる手術で腹部を按摩するのである。

こうして軽きは三、四週間、重きも八、九週間で第一回の矯正術を終わり、さらに二カ月間ばかりを隔てて第二回、第三回の同術を繰り返す（日数は第一回よりは二回、三回と漸次に減少する）。そして全く快癒せしめるのである。

そうしてその効験あるは脊髄病、心臓病、胃病、腹膜炎、神経衰弱、その他諸病で、肺病の初期ならば十中七八は全治さすという。

また奇異とも言うべきは、口が利けない子供が言葉を話せる様になったり、それまで歩けなかった人が歩ける様になったりした事、世人が驚嘆すると仲子は言う。

「これ皆、筋骨の紛錯麻痺等より起こるので、これを矯正すれば治癒するのは当然。不思議でも何でもない」

仲子また曰く、

「脊梁骨は、譬えば家の大黒柱の如し。大黒柱にして歪み傾けば戸障子のタテツケも自由にならず、一朝地震暴風に遭えば忽《たちま》ち転覆すべし。人間も脊梁骨が曲れば五臓が安妥ならず。筋骨がすじりもじりして、血液の流行が不規則になり停滞する。病毒ここに凝り熱気ここに生じ、諸般の病気はこうして起こるのである。ところが根本なる脊梁骨の曲りたるを治せずして、むやみに薬餌を投じ一時快癒に向かうとも、病源依然たればまた他の方面に向かって発病する。あたかも、大黒柱の傾きたるを修せず戸障子のタテツケに腐心する如し」

その言は卑俚《ひり》なるも真理はいかにもある。そして、それが二十五年来の自得は席を隔てて人に対し、その脊梁骨の曲りたる寸法、ならびにその病症を指示して誤らぬのである。

同人は二〜三カ月前非常の大患に罹り、目下は京都建仁寺内正伝院の寓居《ぐうきょ》に病を養いつつあるが、従って目下療治する数人の他は概して新来の患者を謝絶している。

とにかくこの術の価値と研究は随分注目すべきものと思う。そして医学の修養ある人にしてこれを修飾大成すれば、米国の「ヲステヲバセ」の如く普《あまね》く教授もなして著大の効験を見る事と思う。

終わりに仲子の套語《とうご》を掲げる。曰く、

「私は病を治すのでない、筋骨を矯正すれば病は自然に治る」

以上が記事の概要であるが、この記事が新聞紙上に掲載された経緯について、建仁寺正伝院住職（当時）の眞神洋遠氏が、仲子から聞いた話として次の様に記しているのでこれも併せて掲載し、結びとしたい。

＊　＊

「ある日、大阪毎日新聞記者の黒田天外氏が、先般大阪で家内が肺病の療治を受け全治したお礼にと先生を訪ねて来た。そして挨拶をした後、

『先生の筋骨矯正術は実に奇妙であるから、一通りご説明を承《うけたまわ》りたい』と頻《しき》りに懇願した。

先生答えて曰く、

『貴下は新聞記者であり、すぐ新聞に公告するから貴下には説明はせぬ』

『決して新聞には書きませんから、私の心得までに一通りご説明を願います』

『それならば説明しましょう』

先生が漸次説明し終わると、黒田氏は厚く謝して帰って行った。

ところがその翌日から新聞に記事が掲載されたため、八方から患者が襲来するとともに療治の依頼状が雨の如く来た。

昨日入念に駄目を押して新聞に掲載しないと約束したのに、この通り早や掲載していると先生

は大変立腹された。それがために書生を二人も雇って、八方へ断り状を出されたのである」

仲子の立腹している姿が目に浮かぶ様だが、今となれば貴重な記述である。

あとがき

私が子供の頃、仲子や健一について父からそれとなく聞かされる事はあったが、多くの情報を得るまでには至らなかった。その後、大阪の鍼灸学校に通い出した頃と記憶しているが、伯母から私家版『井上仲子』を譲り受け、読み込むほどに新鮮な感動を覚え、後世に残したい、いや残さなければならないという強い思いに駆られ続けてきた。

二十歳の時に京都の天龍寺を訪れて以降、二十六年以上経つ今日まで、時間ができれば私家版に登場する仲子縁《ゆかり》の各地を少しずつ訪ね歩いてきた。仲子の足跡を辿る旅は、何か使命感に駆り立てられる様なものでありながらも、私にとっては仲子との楽しい対話の時間であり、心おどるひと時でもあった。

仲子についていろいろと調べる過程で、仲子や健一と縁のある方々や、日本の各地で筋骨矯正術について調査・研究されている方々との感動的な出会いが数々あり、私にとってかけがえのない宝となっている。井上仲子という一人の人間の生きざまや思想を通じて、交流がさらに広がる事を期待している。

第一章の「2．筋骨矯正術の原理」（P.12）で紹介した様に、「一局部のみに原因を求める」事を仲子は厳に戒めている。それは、表面的なものや現象面のみに決して目を奪われてはならないという事であり、療治に限らず万事において「物事の本質を見極める」重要性を説いているのだと解釈している。「筋骨矯正術の原理」の普遍性を私はここに感じるのである。

また、筋骨矯正術を支えたのは、どんな迫害や偏見にも屈せず信念を真っ直ぐに貫くというブレない〝思想〟であったに違いない。第三章の「5．曾孫の使命」（P.137）でも記した様に、直面する私の使命に対しても仲子の思想を支えに全うしたいと固く決意している。

井上仲子とご縁のあった方々の手によって、『井上仲子』という私家版が編纂されたおかげで、仲子の思想は今日に至るまで生き続ける事ができた。そしてこの私家版があったからこそ、一九三一年（昭和六年）の刊行から九十年の時を経て、仲子の思想を今回こうして蘇らす事が可能となったのである。

私家版の編纂にご尽力いただいた先人達に、衷心より感謝を申し上げたい。

そして、本書の編纂にご協力いただいた全ての方々に対しても深く感謝を申し上げたい。

二〇一九年十月十四日

井上　浩

著者プロフィール

井上 浩（いのうえ ひろし）

井上仲子の曾孫。
1973年東京都生まれ。幼少期を埼玉県、茨城県で過ごす。
高校卒業後、大阪の関西鍼灸短期大学（現・関西医療大学）へ入学。
鍼灸師として約10年間、臨床を経験する。
2007年大阪市会議員選挙で初当選。
（現在4期目。所属会派は日本共産党）

筋骨矯正術創始者 井上仲子

2020年4月19日　初版第1刷発行

著　者　井上 浩
発行人　井上 浩
発売所　株式会社 出版文化社
〈東京本部〉
〒104-0033
東京都中央区新川1-8-8　アクロス新川ビル4階
TEL:03-6822-9200　FAX:03-6822-9202
E-mail:book@shuppanbunka.com
〈大阪本部〉
〒541-0056
大阪府大阪市中央区久太郎町3-4-30　船場グランドビル8階
TEL:06-4704-4700（代）　FAX:06-4704-4707
〈名古屋支社〉
〒456-0016
愛知県名古屋市熱田区五本松町7-30　熱田メディアウイング3階
TEL:052-990-9090（代）　FAX:052-683-8880

印刷・製本　中央精版印刷株式会社

ISBN978-4-88338-675-8　C0095